JN038442

考える
ツール
&
議論する
ツール
&
ICT
でつくる

小学校道徳の
新授業プラン

諸富祥彦・土田雄一 編著

明治図書

は じ め に

　今，全国の先生方がICTを使った道徳科の授業の工夫に取り組んでいます。ICTを使って「考え，議論する道徳科の授業をどうやってつくることができるか」——そのことに今，全国の小学校の先生方が，頭をひねっています。

　本書には，その先進的な試みの成果が示されています。本書には，ICTを使った「考え，議論する道徳科の授業」の様々な試みの具体例がふんだんに示されています。

　そう，ICTを使うと，あきらかに道徳科の授業はよくなります。

　ICTには，一言で言うと，「見える化」と「共有」がしやすい，という大きな利点があります。ICTと「考え，議論する道徳科の授業」は相性がよいのです。その様々な工夫のしどころが本書には示されています。

　では，ICTを使って「考え，議論する道徳科の授業」をどのようにつくることができるでしょうか。そのポイントは何でしょうか。

　そのキーポイントとして，私たちが行いたい提案は「ツールを使おう！」というものです。

　「考えるツール」とは，例えば，そのワークシートに沿って書き込んでいくだけで，子どもがおのずと，様々な視点から多角的に考えていくことができるような工夫がなされているツール，そればかりか，おのずとそのように考えていかざるを得ないような工夫がこらされたツールのことです。

　「議論するツール」とは，例えば，そのやり方にしたがって，子どもたちの考えを整理していくだけで，おのずと，子どもたちの話し合いがより多角的なものとなり，深まっていくような，そんなツールのことです。

　「ICTで見える化・共有しながら，この２つのツール（考えるツール・議論するツール）を使えば，普通の力量の普通の教師の誰もが，『考え，議論する道徳科の授業』の名手になることができる。しかも自然に！」

　これが私たち千葉グループ（千葉大学の土田雄一先生，諸富などを中心にした新しい道徳授業づくりの研究会）の提案です。このグループでは，既に約20年以上にわたって（！）今で言う「考え，議論する」タイプの新しい道徳科の授業を開発し，創造してきたのです。

　「子どもが主体的に自分で考え」「十分に話し合い」「その中で自分の考えをさらに深めていく」という授業は，「力量のある優れた教師」であれば，もう何十年も前から，ずっと行ってきたことです。

　逆に，あまり力のない先生は，例えば，道徳科の授業でも，それまでの子どもたち同士の話し合いのプロセスをほとんど無視して，「ところで，○○さんはどんな気持ちで……」「あなた

が親切にしたいと思うのは」と半ば強引に授業を予定していた方向に引っ張っていくのが常でした。

これでは、子どもたちが「真剣に考えるのは馬鹿馬鹿しい」「先生がどのような方向に授業を進めようとしているのか、それを推測して、それに沿うように発言しなくては」……このように思うようになるのも当然のことです。

では、「特別な力量のある教師」でなければ、「自分で考え、議論を重ね、その中で自分の考えが深まっていくような道徳科の授業」を行うことは不可能なのでしょうか。

子どもたち一人ひとりが「自己との対話」を深めていき、それを「他者との対話」によってさらに深化させていく、という肯定的な循環のある授業を行うことはできないのでしょうか。

「特に思考を深めさせる力も、話し合いを深めさせる力ももっていない平凡な教師は、やはり、主体的で対話的な道徳科の授業を行うことなどできない」とあきらめざるを得ないのでしょうか。

私たちの答えはノー！　です。

「ほんの少しの工夫さえすれば、平凡な教師でも、自分で考え、議論するタイプの道徳科の授業を行うことはできる」

「自分と対話し、他者と対話することでさらに自分との対話を深めていくような、そんな授業は、誰にでも、できる」

私たちは、そう、思っています！

しかも、ICTで「見える化」「共有」しながら進めていくと、そういう授業はさらにつくりやすくなるのです。

「考えるツール」「議論するツール」は、ただ、それを使うだけで、授業の名人の発問によって子どもたちが導かれていくような思考をし、話し合いを行うことができるような工夫が、既に仕掛けられています。

ただ、そのツールを使って授業を進めていくだけで、子どもたちが自分で考え、話し合いを重ねていく中で自分の考えを深めていくことができるような、そんな授業ができる教師になっているはずです！

これさえあれば、百人力。

明日からあなたは、名人級の道徳科の授業ができるようになるはずです！

ICTを使った「考え、議論する道徳科の授業」の名手になりましょう！

（諸富祥彦）

Contents

議論するツール

ICT

3章 考えるツール＆議論するツール＆ ICT でつくる新授業プラン

1章

ツール& ICT を使えば必ずできる！
「考え，議論する道徳」の
授業づくり

考え，議論するためのツールの必要性と ICT の活用

● なぜ，「考え，議論するためのツール」が必要なのか

　本書は，道徳科の授業において，「考え，議論するためのツール」を用いることの大きな利点を示しています。そしてこれらの「ツール」を使う上で，ICT のもつ「見える化」「共有」というメリットを最大限に生かすための工夫を示しています。

　どんなツールをどのように用いて，子どもの思考（自己との対話）と他者との対話を促していくか。

　ICT をどのように利用して，「見える化」「共有」することで，子どもの思考を深め，対話を促進していくことができるか。

　その工夫の具体例を本書では示しています。

　では，なぜ，「考え，議論する授業」のために「ツール」が必要なのか。

　それは，名人芸に頼らなくても，一定レベル以上の道徳的思考と，一定レベル以上の道徳的な話し合いとを可能にするためです。

　道徳科の授業に熟達した教師でなくとも，授業の名人・達人でなくても，つまり，若手の，普通の教師であっても，あるいは，道徳授業にほとんど親しみがなかった教師であっても，一定レベル以上の道徳的な思考と，一定レベル以上の道徳的な話し合いとを可能にしてくれるもの，それが「ツール」なのです。「ツール」を用いることによって，個人の力量の差や経験の差，授業の熟達度合いの差をかなり埋めることができます。

　主体的で対話的な授業は，「知識を教える」タイプの授業に比べて，個人の力量の違いが出やすいです。授業が下手な教師と，授業のうまい教師。その違いが顕著になりやすいのです。

　読み物教材の「主人公の気持ち」に焦点を当てて，「どのような気持ちで……」と問うていくだけではありません。子どもたち一人ひとりが道徳的問題について「いったい，どうすれば……」と多角的な視点から，自分で考え抜く道徳科の授業。1 人で考えるだけでなく，グループや学級の他の子どもたちと話し合いを重ね，その話し合いの中で，さらに自分の思考を深めていくことができる。「主体的」に自分で考え，「対話的」に話し合う中でさらに自分の主体的思考を深めていく，そういう道徳科の授業においては，教師の力量の差が如実になりがちです。

　これは，授業の本道に立ち返った，と言ってもよい面があります。

　「自分で深く考える」とは，「自分自身と深く対話する」ということです。そして，「他者との深い対話」によって，「自己との対話」を促進し，深めていく。そうした「授業の本道」に

立ち返った授業をしていく，ということです。

　しかし，こうした「本物の志向」の授業であればあるほど，教師の力量の違いが大きく表れやすいです。子どもたちの「自己との対話」（深い思考）や「他者との対話」を促進していく力量をもった教師と，そうでない教師とでは，雲泥の差になりやすいのです。

　では，どうすればいいか？

　名人でない凡人はあきらめるしかないのか？

　「本物の志向」の授業づくりを手助けしてくれるのが，「考え，議論するツール」とICTによる工夫です。

　普通の力量の普通の教師であっても，一定レベル以上の道徳的思考と道徳的な話し合いを子どもたちが行えるように促すことができる具体的な手法。それが本書で紹介した「考えるツール」「議論するツール」とそれらの「ICTによる有効活用」です。

● 道徳的な思考とは，道徳的な話し合いとは

　では，一定レベル以上の道徳的思考と道徳的な話し合いを特徴づけるものは何か。

　それは「多角的」で「多視点的」であることです。特定の視点，特定の立場からのみ解決法を導き出すのではなくて，その問題に関わる可能な限り多様な視点，可能な限り多様な立場に仮想的に立ちながら，解決法を導き出そうとしていく，そうした姿勢のことです。

　「深い思考」「深い自己との対話」が行えるようになるためには，１つの物事について，様々な視点，様々な角度に立って，柔軟で，粘り強く，考え続ける思考のトレーニングが必要になります。

　「当然，Aが正しいに決まっている！」と，特定の立場から特定の解決法を導き出そうする短絡的な思考法では，「深い思考」「深い自己との対話」を行うことはできません。

　ある思考が「深い思考」「深い自己との対話」であるためには，「Aの視点でAの立ち位置もしくはAの角度から見れば，この問題はこのように見え，それゆえ，こうするのが正しいように思われるが，Bの視点に立ちBの立ち位置もしくはBの角度から見れば，この問題がはたまたこのように見え，それゆえ，こうするのが正しいように思われる。そしてまたCの視点でCの立ち位置もしくはCの角度から見れば，この問題はこのように見え，それゆえ……」というように，柔軟に，かつ，粘り強く，可能な限り，あらゆる立場に立って考え続けることが大切です。このプロセスの中で「自己との対話」は深められていくのです。

　こうやって，最も納得のいく解決を求めていくのが，道徳的な思考です。

　想定しうる可能な限りのすべての立場に立って，どの立場から見てもそうするのが正しいと思われるような答えを見いだそうとする，あるいは，そうした答えが容易には見いだせないときの内的な暗黙の違和感と緊張とに耐えながら，柔軟に，粘り強く，最適な解を求めようとし続ける。そうした姿勢が道徳的な姿勢であり，「深い思考」につながります。

それは「Aが正しい」「Bが正しい」等と，特定の視点に立って，短絡的にものを考えないように戒める姿勢のことであるとも言えるでしょう。

● 多角的・多視点的に物事を見て，考え，話し合っていくという「型」をあらかじめ組み込んであるのがツール

　では，この「可能な限り，すべての視点に立ってものを考える力」を子どもたちにどのように育むことができるでしょうか。

　それは「可能な限り，あらゆる人の立場に立って考えなさい！」と教師が叫んだところで，可能になるものではありません。

　熟達した教師であれば，授業の流れの中で「そうですね。たしかにそう考えることもできますね。Aさんの視点に立って，Aさんの立ち位置から見れば，そうするのが正しいようにも思われますね。では，このことをBさんの立場から見るとどうでしょうか。Bさんの視点に立って，Bさんの立ち位置から見れば，この同じ問題はどのように見えて，どうするのが正しいように思われるでしょうか」「もし，どの視点での考えにも満足しない，なんだか違和感が生じる……と言うならば，ここにはまだ上がっていない視点で考えることが必要ということではないでしょうか。まだ上がってきていない考えとしては，どのような考えが，考えられるでしょうか……」といったように問いかけることで，子どもたちの思考の立ち位置を上手に変位させていくこともできるでしょう。

　しかし，それには，相当の技量が必要になります。

　これを解決してくれるのが本書で提案するツールです。

　「可能な限り，すべての立場，すべての視点に立ってものを考え，話し合っていく」「深く自己と対話しながら他者との対話を深めていく」という「思考や話し合いに特徴的な型」を，あらかじめそのうちに組み込んであるのが考えるツールであり，議論するツールです。

　だから，ただこのワークシートに取り組んでいくだけで子どもたちはおのずと，多角的・多視点的・多面的な思考，自己との対話へと誘われていくのです。

　教師に特段の力量がなくても，そのワークシートに沿ってものを考え，書いていくだけで，子どもたちは「多角的にものを考える」ということを，実地に学んでいくことができるのです！

　こんな便利なものがあるのです！　使わない手はありません！

　自分1人で道徳的問題について考えてワークシートに書き込んでいく場面。その場面で「Aの視点でAの立ち位置もしくはAの角度から見れば，この問題はこのように見え，それゆえ，こうするのが正しいように思われる……。一方，Bの視点でBの立ち位置もしくはBの角度から見れば，この問題はこのように見え，それゆえ，こうするのが正しいように思われる……。さらには，Cの視点でCの立ち位置もしくはCの角度から見れば，この問題はこのように見え，

それゆえ……」とものを考えていく。さらには，どの視点での考えにも，なぜか違和感が伴うときに，「違和感の正体は何か。その違和感は，既存のどの視点でもない，他の視点で考えることを必要としているがゆえにもたらされているのではないか……」と「その他の視点」から，粘り強く考えていく。そのような思考の「型」がワークシートの中には既に，埋め込まれているのです。

　あるいは，クラス全体で道徳的問題について話し合っていく場面。その場面でも同様の方法で様々な視点に立って，ものを考えていく。同様の方法での話し合いの「型」が，板書の工夫には埋め込まれているのです。

　すなわち，「考えるツール」とは，ワークシートに沿って書き込んでいくだけで，子どもがおのずと，様々な視点から多角的に考えていくことができるような工夫がこらされたツールのことです。「議論するツール」とは，それにしたがって子どもたちの考えを板書に整理していくだけで，おのずと，子どもたちの話し合いが，より多角的なものとなり，深まっていくような，そのようなツールのことです。それゆえ，とくだんに優れた技量をもった教師でなくても，ツールを活用することによって「多角的に，多視点的に物事を考えていく」という「道徳的な思考や話し合いの型」をおのずと，身に付けさせていくことができるのです。

　しかも，それが，ICT によって「見える化」「共有」されることで，自然と，パッと見ただけでわかるような仕方で，行われていくのです。

●「ツール」を用いる際の留意点
「その他」（未知の選択肢）に開かれてあること

　ツールは，思考や話し合いの「型」を提供するものです。そのため，ツールを用いることで一定レベル以上の思考や議論が可能になります。そこで教師が留意すべきは文字通り，子どもの思考や議論を「型にはめる」ことがないようにすることです。

　まず，注意すべきは，思考や議論の選択肢として「その他」を必ず置くことです。

　子どもたちの中には，教師が思いもよらなかったことを考えついたり論点として提示してきたりする子どもがいます。これを歓迎しましょう。子どもたちの中には，必ず，教師よりも優れた子どもがいるのです！　これを忘れてはなりません！

　教師にとって「想定外の子どもの考え」「想定外の展開」にも開かれた態度を保ちましょう。つまり，教師が思いもよらなかった「未知なる暗黙の選択肢」に開かれた姿勢を保ちましょう。そのために，授業で教師が提示する選択肢には，「その他」を必ず置くようにしてほしいのです。

　「その他」をどのように生かすことができるかで，教師の力量が問われるのです。

（諸富祥彦）

ツール& ICT 活用の面白さ・楽しさ

面白さ・楽しさを感じるとき

　子どもたちが道徳授業で「面白い！」「楽しい！」と感じるのはどんなときでしょう。千葉大学の学生に聞いてみると「教材が心に残るものだったとき」「新しい発見があったとき」「自分の考えとは違う多様な意見を知ったとき」「今までの考えからさらに深い気づきがあったとき」「なるほどと他の考えに納得したとき」等の回答がありました。

　子どもたちは授業を通して，友達との対話の中からそれぞれが発見したり気づいたりしたことがあるときに面白さや楽しさを感じるのです。

　では，その発見や気づきを生むためにはどうしたらよいのでしょうか。この書籍の第1弾では，「考えるツール」（思考ツール）と「議論するツール」（話し合いのツール）をもとに授業を活性化させる提案をし，数々の実践を紹介しました。そして，読者の皆さんの多くの支持を得て，第2弾の書籍化をしたわけですが，この間，道徳の授業を参観すると大きな変化が見られました。「考えるツール」を活用する授業がかなり一般化していたのです。

考えるツールの活用が一般化

　前回の書籍で述べたように，以前の道徳の時間では教材の問題場面で主人公の気持ちや葛藤を文章で考える授業展開が多く見られていました。最近では，「考えるツール」を活用した授業展開をする先生がかなり増えており，一般的になりつつあります。例えば，多面的・多角的な見方をさせるために「ウェビング」を活用したり，「Y（X）チャート」で3（4）視点で考えたり，「クラゲチャート」を活用したりする授業と出会うことが珍しくなくなりました。これは大きな変化です。先生方が考えるツールを活用したときに効果を実感し，思考ツールに対する意識が変わったからだと思います。

　例えば，小学校中学年の定番教材「雨のバス停留所で」は，これまで，主人公よし子の気持ちを中心に考える展開，もしくは，お母さんの気持ちを考える展開が一般的でした。これらの2つの指導方法が悪いというわけではありません。ただ，ねらいが「C　規則の尊重」であれば，よし子とお母さんの視点だけでよいのかという疑問が生まれます。雨宿りをしながら順番を待っていた「他の乗客」の視点も必要ではないでしょうか。

　このことを踏まえて教員研修等で「Yチャート」を活用した模擬授業をすると，受講していた先生方は「これまでの視点とは違った気づきがあった」と受講した感想を話してくれました。

そして，「主人公を中心として考えなくてはならないと思い込んでいた」「発達段階から他の乗客まで考えることは難しいと思っていた」等の言葉がありました。これらは，もしかしたら「教師の思い込み」かもしれません。実際に子どもたちは「Yチャート」で3つの視点（よし子・お母さん・他の乗客）でしっかり考えられていましたし，他の乗客の視点で考えることにより，よし子の行動をより客観的な視点で見ることができるようになりました。

　この模擬授業を受けた先生方は「授業展開への新たな気づきがあった」「面白かった」等の感想を寄せてくれました。まさに子どもたちも同じです。その「新たな気づき」「発見」の手助けしてくれるのが「思考ツール」を活用した対話のある授業なのです。

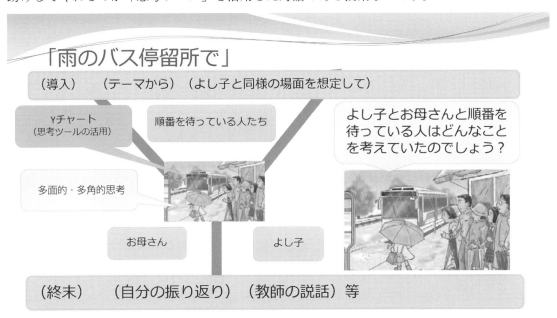

● 考えるツールの活用を身に付ける

　土田が以前から「思考ツール」の活用を提唱してきたのには2つの理由があります。

　1つ目は「子どもたちにとって，道徳授業における問題場面を他の教科で使っている思考ツールを活用して考えることは，ごく自然なことなのではないか」ということです。国語や社会，総合的な学習の時間等で「ウェビング（マッピング）」を活用しながら，多面的・多角的に考えた経験は「道徳授業における問題場面で多面的・多角的に考えること」につながります。子どもたちが「道徳的問題」に対して，これまで学んできた知見を総動員して考え，解決していくことこそ，道徳授業で育てる力であり，生きて働く力となると考えたのです。

　2つ目は「汎用性が高く，実生活で活用できる」点です。道徳で学んだことが道徳の時間にしか生かせないのはもったいないことです。実生活で自分が直面した課題（悩み）について，「ウェビング（マッピング）」を活用しながら自分で様々な角度から考え，問題を整理して意思

決定をすることがよりよい決断，よりよい生き方につながるのではないかと考えたのです。

　本書では，思考ツールは他にもあり，子どもたちが他の学習でも活用しているものがあることから，それらの特長を生かした授業実践を紹介し，道徳授業の充実を図ることを目指しています。（一部のツールは黒上晴夫氏の「シンキングツール」を参考にし，実践自体はオリジナルなものにしています。参考：黒上晴夫氏HP　www.ks-lab.net/haruo/index.html）

🖤 道徳授業から考えるツールの活用を身に付ける

　「考えるツール」の活用例として，中学校の実践ですが，とても参考になる実践があるので紹介します。千葉大学教育学部附属中学校の1年生に「考えるツールを自分で選択する授業」を実施しました。教科書教材をもとに「なぜ，人は働くのか」について，「自分自身が使いやすい思考ツールを選んで考えよう」とし，生徒がまとめた思考ツール一覧から選択して授業を展開したのです。生徒が選択した思考ツールは「クラゲチャート」（11），「熊手チャート」（7），「フィッシュボーン」（6），「マッピング」（4），「Xチャート」（2），「Yチャート」（1），「その他」（2）でした。それぞれが選択した思考ツールを活用して深く考え，授業もねらいとする働く理由について様々な視点から考えることができました。授業後，「思考ツールの活用は考えをまとめる上で役に立ったか」の問いに対して，生徒全員が肯定的な評価をしています。その理由として，「意見がまとめやすい」「考えが整理しやすい」「見返したときにわかりやすい」「書きながら考えられる」等が挙げられていました。考えるツールを授業者が与えるのではなく，「自分自身で選択する」授業も考えるツールが身に付いてきたときには効果があるのではないでしょうか。小学校高学年でも活用可能なアプローチであると考えます。

　さらに，千葉大学教育学部附属中学校の生徒に「思考ツールを自ら活用した経験」について尋ねると，3割を超える生徒が実生活や教科の授業で自主的に活用していたことが明らかになりました。例えば，「意見をまとめるとき」「国語の単元のまとめをするとき」「制作のアイデアを出すとき」「数学の問題の共通性を見つけるとき」等の場面です。このように，道徳科で学んだ考えるツールが逆に他の教科での思考場面に活用されているのです。生徒は道徳科の学びを通して「考えるツール」という「アイテム」を獲得したとも言うことができます。今後，この活用がさらに発展していくことを期待しています。

🖤 ツールで白熱した話し合いをつくる

　道徳の授業は「考え，議論する道徳」が大切と言われていますが，「議論する」ことが目的ではありません。「主体的・対話的で深い学び」のある道徳授業こそ，本来，目指しているものです。その際，「議論するツール」（話し合いのツール）があるとより授業が活性化します。

　例えば，「サークル対話」です。円になってそれぞれの顔を見てお互いの意見を尊重しながら対話をすすめる方法です。その他，「役割取得」も効果的です。「ぼくらの村の未来」（ココ

ロ部！ NHK for School）では，番組の中にあるように道路を作ることに「賛成」の立場と「反対」の立場に分かれて授業で意見を交換します。どちらも「よりよい村の未来を願う気持ちは同じ」ところが道徳授業としての落としどころです。様々な角度から現実にも起こりうる問題を考え，話し合い，意思決定することこそ，子どもたちに必要な力です。

また，「付箋」を活用して自分の考えを整理し，グループでお互いに聴き合う授業も友達と意見を交流し，それぞれを尊重しながら自分が大切にしたいものを明確にしていく授業形態と言えるでしょう。

ICT を活用して，オンラインで他の学校の児童生徒と意見の交流をすることも考えを深めることにつながります。本書にも掲載していますが，他校とのオンライン授業での意見交換をきっかけに考えが深まった実践もあります。

● 自分の話を聴いてもらっている感覚があるか「リスペクト・アザーズ」

「道徳授業での話し合いを活発にするために最も大切なこと」は何でしょう。まずは，「自分の話をちゃんと聴いてもらっている感覚がもてること」です。そのためには「聴き方の約束（ルール）」があることが大事です。定着させる方法として，「ペアトーク」や「聴き合い活動」等が有効です。「トーキングサークル」でも「トーキングピースを持っている人の話を聴くこと」がルールです。つまり，一人ひとりがお互いの話を聴き合える関係ができていることが大事です。これは「リスペクト・アザーズ」（すべての人たちを尊重しよう）です。

移民の多い国等では人種や宗教ではなく，それぞれを尊重することが大切となります。だからこそ，「リスペクト・アザーズ」という教え（基本）を小さいころから学ばせます。これはグローバル化だけでなく，多様な価値観を尊重する時代にも通じる基本的な考え方です。そして，その基盤が「他者の話をちゃんと聴くこと」だと思っています。話を聴くことが苦手な低学年の児童に「黙って（人の話を）聴くのは世界のお約束だよ」と話したことがあります。この考え方が定着すれば，きっと学級は居心地のよい環境となり，道徳の時間だけでなく，すべての学習で活発な話し合いができるようになるのではないでしょうか。そして，それは新たな気づきを生み，自分の考えを深めることにつながるのです。

● ICT を活用した道徳授業

「コロナ禍」での変化の１つに「GIGA スクール構想」による「１人１台端末」の広がりがあります。オンライン授業を含めて，ICT の活用がこれまで以上に叫ばれ，授業でパソコン（タブレット）を活用する場面が多くなりました。すると，「道徳での活用は可能か」という視点が生まれます。一方で，「パソコンの活用は対話を大事にする道徳授業にはふさわしくない」と考える方もいます。

しかし，土田は前回の「思考ツール」と同様に「生かせるなら使えばよい」と考えています。

それには次のような理由があります。そもそも，「GIGA スクール構想」の「GIGA」とは何の略なのでしょうか。GIGA スクール構想とは，1人1台端末と高速通信環境の整備をベースとして，Society 5.0の時代を生きる子どもたちのために「個別最適化され，創造性を育む教育」を実現させるための施策です。GIGA は「Global and Innovation Gateway for All」の略で，「全ての人にグローバルで革新的な入口を」という意味が込められています。つまり，パソコンの活用技術の習得が目的ではなく，パソコンを活用して一人ひとりがグローバルで革新的な学びをすることが目的なのです。実際に，隣国の韓国やシンガポール等では ICT を活用した授業が既に一般的です。

では，道徳授業では ICT はどのように活用できるのでしょうか。いくつか挙げてみます。

---

①教材提示（写真・動画等）
②児童生徒の考えを表示・集計（アンケート等）
③オンラインリサーチ（課題等について）
④思考ツールの活用
⑤オンラインによる合同授業
⑥オンラインによるゲストティーチャーの活用
⑦振り返りの記録（板書・コメント等）
⑧発展としてのリサーチと発信

---

❶教材提示（写真・動画等）

大型テレビの導入等により，既に教材提示をパソコン等でしている方も多いのではないでしょうか。今後はデジタル教科書の活用も増えていくことでしょう。また，補助教材として写真等を提示して教科書中心の授業を活性化する役割もあるでしょう。

ICT の環境が整ったことで，「NHK for School」の学年に応じた数々の道徳番組を視聴することも手軽にできるようになりました。教科書教材とあわせて効果的に活用したいものです。

❷児童生徒の考えを表示・集計（アンケート等）

事前に取っておいたアンケートの集計結果をグラフ等で表示し，導入等で活用することもできます。「Google フォーム」等で質問項目を設定して，その回答（賛成・反対等）をデジタルで集計，表示することも可能です。授業の前にもできますし，授業中に活用することもできます。全員の考えが瞬時に視覚的にわかるとともに時間短縮にもなります。「Google Jamboard」等で自分の考えの位置を表示することもできます。

❸オンラインリサーチ（課題等について）

　「Global and Innovation Gateway for All」のコンセプトを生かすなら，道徳授業においてのリサーチ活用も可能です。例えば，実践例にもありますが，「美しいと感じるものは何か」について「Google 画像検索」をする等です。「国際理解・国際親善」や「自然愛護」等，教材の内容をより理解したり視覚的にわかるように活用したりすることも考えられます。理解を深め，その後の道徳的な課題への話し合いにつなげることが目的です。

❹思考ツールの活用

　自治体によってパソコン（タブレット）にインストールされているソフトは異なりますが，思考ツール（考えるツール）としてインストールされているものがあります。本書の実践でも紹介していますが，ロイロノート・スクールにはシンキングツールとして，「ベン図」「ピラミッドチャート」「フィッシュボーン」等の機能があります。自分たちの学校で活用できるツールとその特徴について理解し活用してください。

❺オンラインによる合同授業

　いつもの学級の友達だけでなく，ときには「他の学校（地域）の人たちの意見を聞いてみたい」こともあるのではないでしょうか。オンラインで学級同士をつなぐと手軽に他の学校の人たちと意見交換がリアルタイムでできます。小規模校同士での交流も可能ですし，遠く離れた環境が違う地域の学校との交流も可能です。ただ，自治体によって使用しているソフトが異なるため，うまくつながることができないことがあるようです。発展的に考えると海外の学校ともオンラインでつながることが可能です。時差が少ないアジアやオーストラリア等の日本人学校であれば，合同道徳授業も夢ではないですね。いずれの場合も時間の調整と打ち合わせが課題となるでしょう。

❻オンラインによるゲストティーチャーの活用

　これまでの「ゲストティーチャーに来ていただく」が「オンラインで話を聞く」ことが可能となり，より手軽にできるようになりました。オンラインで事前にインタビューしたものを録画編集して活用することもできますが，同時双方向のやりとりが可能な方法で話を聞きたいですね。子どもたちが目を輝かせて話を聞く様子が目に浮かびます。

❼振り返りの記録（板書・コメント等）

　「学習の振り返り」をワークシートに記入する作業をオンライン上のシートで行います。「OPP シート」のように，振り返りだけをまとめたものと考えてよいでしょう。手軽に一覧も作成できますし，自分自身の長期的な変化を見取ることもでき，自己評価や教師の評価に役立

てることができます。オンライン上で「教師のコメント」を記入するのもよいでしょう。

　また，教師が授業の「板書」を写真にとって，共有フォルダにアップするのもよいです。実際に活用している学校がありますが，前期の振り返り，年間の振り返りも板書があることでとてもやりやすかったとの報告があります。

❽発展としてのリサーチと発信

　道徳授業で得た学びをさらに発展させるための方法として，リサーチ活動が考えられます。地域の自然環境，国際理解・国際親善等，発展的に調べてみることもよいでしょう。さらに，他の教科等との横断的な取り組みを行い，調べたり学んだりしたことをまとめてホームページ等で発信することも考えられますね。学びを形にして発信するとより深く考えることにつながります。

　これらは一例です。きっとこれ以外にも活用方法があるでしょう。例えば，先生方も授業準備等でICTを活用して教材の情報を集めたり，指導案や先行実践を調べたりしていることでしょう。そのような活用は教師だけがするものではありません。子どもたちも自分自身の課題意識をもとにリサーチしてもよいでしょう。

　さらに，もっと素敵な活用方法があると思うのです。そして，それは皆さんの創造力によって開発されます。進化します。授業が充実します。ぜひ，チャレンジしてください。その「たたき台」となるのが本書であり，本書の20の実践例です。

👀 道徳的なねらい達成のために活用する

　「あたりまえだけど大切なこと」です。「考えるツール」「議論するツール」「ICT」の活用についてその有用性と必要性について述べてきました。しかし，忘れてはならないのが道徳的なねらいです。ねらいを達成するための「ツール」です。残念ですが，「思考ツール」や「ICT」の活用が目的のような道徳授業を見ることがあります。「ツール」はあくまでも「ねらい達成に役立つものである」ことが前提です。そして，子どもたちと「主体的・対話的で深い学び」のある授業を楽しんでください。

（土田雄一）

2章

活用方法がすぐわかる！
考えるツール＆
議論するツール＆ICT

考えるツール

● ウェビング

　ウェビング（webbing）とは，「考えを蜘蛛の巣上に広げていく思考方法」です。物事を短い言葉でつなげながら関連付けて考えることができる手法です。例えば，中央に作品のテーマ等を置いて，そこからイメージされる関連するものや思い浮かんだものを表現します。拡散的思考を促すものです。イメージマップと呼ばれて活用されることもありますが，広義には「マッピング（図で考える手法）」の1つと言ってよいでしょう。

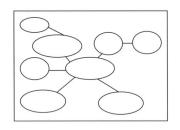

　道徳授業においては，登場人物の気持ちを考えたり，葛藤場面で様々な角度や視点から問題を考えたりすることができます。手軽に活用でき，多面的・多角的に物事を考えることができる汎用性が高い思考ツールです。①短い言葉で簡単に表現できる②様々な角度から考えられる③本音が書きやすい④可視性に優れる⑤思考のプロセスがわかりやすい⑥加筆がしやすい⑦自己評価の材料となる等が特長です。

● 座標軸（マトリクス）

　座標軸とは，「数学ではX軸Y軸のような座標を決めるための基準となる数直線」のことです。その他，物事の基準等を意味します。テーマに対して，縦軸（上下）と横軸（左右）を決めて，それに対応する特徴を示していくものです。右図は，「関係性」を縦軸に，「目標」を横軸として「PM理論」を図にしたものです。目標（Performance）をしっかり意識し，チームの関係性

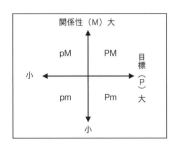

（Maintenance＝健全な状態に保つための点検・維持の意味）がよい状態であれば，「PM型」として活性化された意欲的なチームとなることを示しています。このように，縦軸と横軸の基準に対してどのような位置にいるかを示すものが座標軸です。

　道徳授業では，自分の考えがどの位置にあるのかを示すときに有効です。例えば，「スケール」のような数直線では「よい」「悪い」の軸だけですが，「しようと思う」「しようと思わない」のもう1つの軸を加えることで，「よい」と考え「しようと思う」と判断する児童と「よい」と考えるが「しようと思わない」と判断する児童がいてもその位置でわかります。

● ランキング

　ランキング（ranking）とは，「物事に順位を付ける」ことです。社会科等では，例えば，「米の収穫量ベスト10」のように「テーマとなるものに対して順位付けをすること」です。

　道徳授業では，例えば，将来の夢を実現するために大切なことを考えたとき，思いつくものを書き出した後で順位付けをする作業がランキングです。「何が大切か」を考える際に整理する手法として有効です。右図のように，テーマにあわせたランキングの表を用いて順位付けをする方法があります。表には「その他」も入れることがポイントです。

　「ランキング」をもとにして，「聴き合い活動」を行うことでより深めることができます。

● ベン図

　ベン図とは，「部分集合・結び・交わり等の集合間の関係を視覚的にわかりやすく図に表したもの」です。イギリスの論理学者ベン（J.Venn）にちなんでいるそうです。例えば，2つの物事の共通点（重なり）と相違点を視覚的に表すことがで

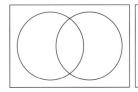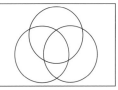

きます。3つの関係性を表したものもあります。共通点と相違点が視覚的にわかりやすいのが特長で，多くの教科で用いることができる手法です。

　道徳授業では，AかBか選択をせまられる場面があります。ベン図ではそれらの長所と短所を分類し，重なりを「共通の思い」として整理することができます。例えば，「ぼくらの村の未来」（ココロ部！　NHK for School）では道路建設に賛成の理由と反対の理由をそれぞれの円の中に挙げていくと，重なり合う部分には「村を大切に思う心」が入ります。このように違いを整理することができるほか，共通の思いに気づくこともできます。

● スケール

　ここで扱うスケールとは,「ものさし」の意味です。大きさの規模を表すスケールとはやや異なる意味で使います。物事の度合いを数値化する方法です。

　道徳授業で活用する「スケーリング」の例としては,「校則はないほうがよいか」というテーマの場合,賛成か,反対かの度合いを考えるときに使います。中央を０(中立)とし,左右の位置でその度合いを示します。はっきり賛成(反対)の場合は

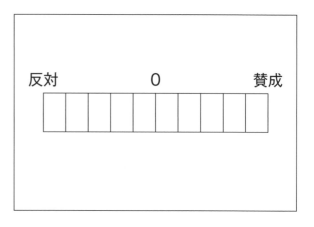

スケールの右(左)端になります。この方法は学習前後の変化がわかりやすいのが特長です。微妙な違いを表現できます。その場所にした理由を話し合うことがポイントです。どちらも「自分の考えを明確にする」ことと「他者との比較」ができるよさがあります。

● Xチャート・Yチャート

　Xチャートは４つの視点,Yチャートであれば,３つの視点から問題を考えたり,情報を整理したりできます。各教科の授業においては,情報の分類整理に活用できます。考える立場(視点)を決めて,それらの視点で情報を収集し,チャート図に整理することができます。

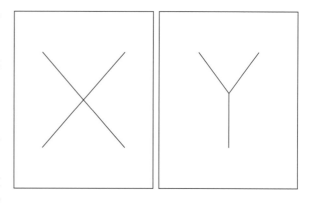

　道徳授業では,考える立場(視点)を検討してから進めるとよいでしょう。例えば,「雨のバス停留所で」をチャート図で考える際には,「よしこ」「お母さん」のほかに「バスを待っている人たち」の視点が必要となります。３つの視点からバス停留所での出来事を見つめることにより,多面的・多角的な思考力を養うことができます。このように,道徳授業の改善においても,これまでの主人公を中心に考える道徳授業だけでなく,発達段階を踏まえながら,必要な視点を見つけさせて,様々な立場から問題場面を考えさせる授業も必要です。

● 熊手チャート

　熊手チャートとは，「テーマ（課題）に対して様々なアイデア（考え）を広げ，多面的・多角的に考えることができる方法」です。まず，熊手の「柄」の部分にテーマ（課題）を書き，次に熊手の「手（歯）」の部分に考えを書き入れます。熊手の手の数が決められているので，自由に発想するよりも少し吟味をしながら考えることができます。手を増やすこともできます。

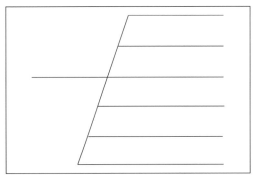

　熊手チャートは問題に対して，様々な視点から考える場面で特に有効です。多面的・多角的に物事を考える力を養うことができます。始めから考える視点を与える方法もありますが，視点を子どもに考えさせることで，より主体的に問題に取り組めます。さらに，問題場面で考える必要がある視点がわかってきます。

● データチャート

　データチャートとは，「情報整理表」です。テーマ（課題）に対して，トピックごとに分類整理する方法です。右表のように，課題に対して「方法」と「実現度」の情報をさらに細かく分類し比較できるのが特長です。

　道徳授業においても，問題場面での情報整理をするときに有効です。しかし，情報を整理・分析するだけでは道徳の授業として不十分です。右図では「絵はがきの料金不足を伝えるか」に対して，それぞれの「立場」で考えただけでなく，「その結果（友情は？）」の列を入れています。行為と思いとその結果を考えながら，「友情」について考えを深める学習に活用しています。整理・分析したものをどう活用するかがポイントです。

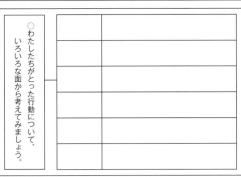

温暖化対策		実現度				
		費用	時間	効果	参画度	対応
方法	工場のCO₂削減	莫大	期限を決めて	◎	×	世界規模で
	省エネ生活	小	とてもかかる	少ない	◎	世界規模で
	エコバック	小	とてもかかる	少ない	◎	世界規模で
	自動車排ガス規制	大	期限を決めて	○	×	世界規模で
	森林保護	大	かかる	○	△	世界規模で

「絵はがき」の料金不足		立　場		その結果（友情は？）
		ひろ子さんにとって	正子さんにとって	
方法	不足を伝える			
	不足を伝えない			

クラゲチャート

クラゲチャートとは，「テーマ（課題）に対して，それに対する根拠や原因となる考えを整理する思考ツール」です。まず，クラゲの頭の部分に「テーマ（課題）」を書きます。それに対して，根拠や原因となるものを足の部分の円に書きます。足の数は減らすことも書き足すこともできます。逆に，足に書いた要因から「まとめ」をクラゲの頭に書く方法もあります。

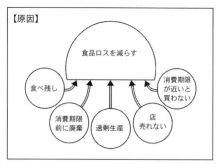

道徳授業においては，葛藤場面で様々な角度や視点から問題を考えるときに有効です。右図のように２つ活用することもできます。「コジマくんはどうしたらよいか」という課題に対して①自分の考え（「ピアスを外す」）と

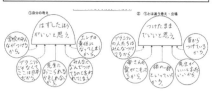

②①とは違う考え・立場（「ピアスを付けたままでよい」）からその理由をクラゲの足（円）に記入させています。「どうしたらよいか」を考えさせる場合に，クラゲチャートを活用して，両面からその理由を考えさせることで，多面的・多角的に物事を考えることができます。その後の話し合いがしやすくなります。足の数を増やすことができるのも長所です。

ピラミッドチャート

ピラミッドチャートとは，「段階的に思考を構造化する思考ツール」です。使い方は，まず，テーマに対して調べたことをたくさん箇条書きで書きます。移動がしやすいように付箋を使うのもよいでしょう。次に，その中からテーマに対して主張したい事実を絞ります。さらに，その中から最も取り上げたいものに意見を加えて書きます。この三段階のプロセスを通してテーマに対して，自

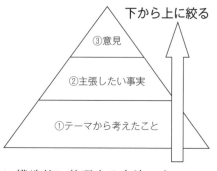

分が主張したい内容が明確になってきます。考えを段階的・構造的に整理する方法です。

道徳授業では，たくさんある考えの中から話し合いを通して大切なものを明確にするプロセスとして活用できます。例えば，「何のために働くのか」を問いとして作成した場合，下段には働く理由として思いついたものを書きます。中段にはその中で大切だと思うことを選びます。さらに上段には特に大事にしたいものを理由とともに明確にします。このように，上段に進むにつれて「自分が大切だ」と考えるものが明確になっていきます。ピラミッドチャートを作成するプロセスで，自分が大切にしていきたい道徳的諸価値について向き合うことができます。

🦋 バタフライチャート

　バタフライチャートでは，中央に書き入れたトピック（課題）について，右側に「賛成」・「強い賛成」の理由を書き，左側には「反対」・「強い反対」の理由を書きます。そして，その両方の立場になって検討します。物事の「プラス面」と「マイナス面」の両面から考えることができ，多面的・多角的な思考を促すツールの1つです。「両面から考える」点と「理由の順位付けができる」ことが特長です。

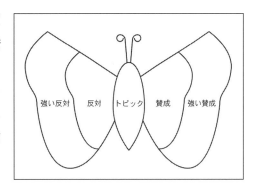

　道徳授業で活用するポイントは「賛成」と「反対」等，対立するものを両面から考えさせることにあります。自分の考えだけでなく，相手の立場で物事を考えることができます。授業者は教材から「何を考えさせるか」を明確にする必要があります。「ウェビング」と同様，両面から考えることは多面的・多角的な思考を促すだけでなく，相手に対する「思いやりの心」「他者への想像力」を育てることにつながります。

🍬 キャンディチャート

　キャンディチャートは，「予想することを助ける思考ツール」です。予想するときには前提の条件があり，それによって結果が変化します。キャンディチャートは，左側にもし〜ならばと「前提」を書き，中央部分にその予想される「結果」を書き，右側にそのように考えた「理由」を書きます。「AならばB。BならばCとなるだろう」のように論理的思考を促します。これまでの「常識」や「経験則」でもよいでしょう。自分なりの根拠・理由があることがポイントです。推論する力，論理的思考力が養われる方法です。

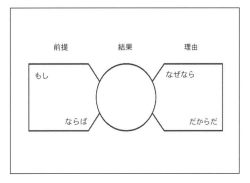

　道徳授業では，問題解決的な学習の1つとして活用できます。中央部分に「テーマ」を入れ，左側に「もし，〜したら」と解決策を考え，理由を右側に書きます。写真では「礼儀が自然にできる」前提として「もし，相手のことを思い礼をしたら」が書き込まれています。理由として，「なぜなら，心をこめて，礼をすることで，自分の心もよくなるからです」と書かれています。方策の裏にある心まで考えられています。礼儀の大切さや心構えについて自分の考えを整理しやすい手法です。

● フィッシュボーン

フィッシュボーンとは,「問題解決を視覚的に整理するのを助ける方法」で,「特性要因図」とも呼ばれています。結果のために関連する要因を系統的に整理していくとちょうど魚の骨のような形になることからその名前がつけられたそうです。考案者は日本人の石川馨氏です。頭の部分は「テーマ（課題）」です。付箋で要因を挙げた後,「骨」に沿って関連する要因を整理します。問題発見にも役立つ手法の1つです。「骨」に要因の名前をつけることでまとまりが整理できます。

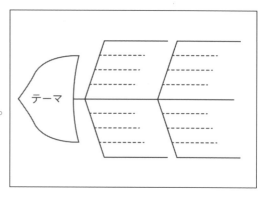

道徳授業で活用する場合,考えるテーマに対して「骨」ごとに要因（理由）を考えていきますが,その「骨」に「名前をつける」ところがポイントです。その名前が「道徳的諸価値と関連する」ことにも気づくことができます。右図は「仕事のやりがい」について作成したフィッシュボーンです。骨の名前として,「達成感」「みんなの笑顔」「犬

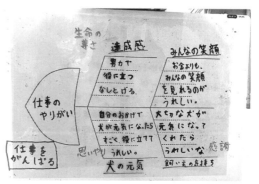

の元気」「飼い主の気持ち」等が書かれています。それらは,「生命の尊さ」「思いやり」「感謝」につながることがわかります。考えを整理・分類することで,その奥にある道徳的諸価値についても気づかせることがポイントです。

● コンセプトマップ

コンセプトマップとは,「概念（コンセプト）と概念の関係を線で結び,関係を視覚的に表す方法」です。知識や概念間のつながり（関係性）が視覚的にわかりやすいので,体系的な理解につながります。例えば,「地域の魅力」を中心テーマとしたとき,「自然」や「特産物（産業）」,「伝統文化」等の視点が生まれます。その他,「人物」等に分類できるでしょう。地域の魅力としての要素が見えてきます。このように視覚的につながり・関係性を表すことができます。

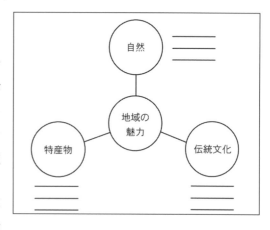

道徳授業では，それぞれの視点に立ち，関係性を明確にしていくときに役立ちます。右図は避難所に飼い犬を連れてきた「鈴木さん」と管理者の「山中さん」の視点だけでなく，「他の避難者」を含めた3つの視点から考えさせたものです。矢印で相互の視点を表しています。全体の関係性を視覚化することにより問題が整理され，判断をするときの手がかりとなります。

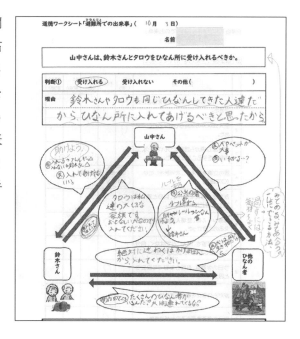

心情円

　心情円は，「テーマに対する現在の自分の心情を割合で表すもの」です。色の違う2つの円を重ねて，動かしながら，その割合で心情を表します。例えば，「賛成」か「反対」かを問われたとき，迷っているときは，賛成と反対の割合を半分半分で示すことができます。円内の色が占める割合がそのときの自分の気持ちです。自分の気持ちを視覚的に表すことができ，低学年でも活用しやすいツールです。また，色の割合で一目で考えがわかるので，友達と比べて理由を話し合うときにも活用できます。それぞれの心情（立場）が視覚的にわかりやすいので意図的指名に役立てることができます。二者択一ではない微妙な心の状況を表現できるツールです。

　道徳授業では，教材の登場人物と自分を置き換えて考え，心情円で「肯定的な心（青）」と「否定的な心（赤）」との2色でどちらの割合が多いかを操作して，自分の考えを可視化します。「登場人物と自分を置き換えて」考えさせるときに活用できます。同様に，賛成・反対の度合い等の自分の微妙な気持ち（立場）を表すことができます。

💭 円チャート

　円チャートとは，「円グラフを応用したもので，全体に占める項目の割合を示すもの」です。「心情円」が2つのものの割合を表すのに対して，円チャートでは複数のものの割合を表すことができます。例えば，「賛成」と「反対」だけでなく，「どちらともいえない（その他）」を加えることもできます。また，「賛成」等の理由と割合を円チャートで表すこともできます。理由の割合が視覚化されるので，どの理由が大きなウェイトを占めているかわかりやすくなります。

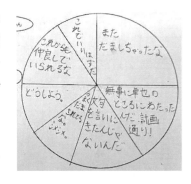

　道徳授業では，自分の心の思いや考えの占める割合とその理由を表すときに活用することができます。自分の中にある様々な感情や多様な理由（考え）が表現できるので，複雑な気持ちを視覚化することができます。ペアトークやグループでの話し合いでも自分の心の中の割合を確認しながら意見交換をするとよいでしょう。友達との意見交換を通して，円チャートに記した割合や理由が変化することもあるでしょう。導入時と学習後の変化を見取ることもできるツールです。

💭 同心円チャート

　同心円チャートは，「中央の円から外側の円に対して関連させながら思考を広げるチャート」です。例えば，「環境問題への取り組み」をテーマとした場合，円の中央を「学校」「地域」「県」「全国」「世界」等とその範囲を広げながら，それぞれでできることを考えるツールです。円は時間の変化でもよいでしょう。また，抽象的なものから具体的なものへと思考を発展させる方法もあります。

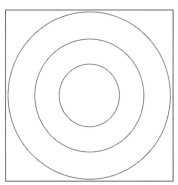

　道徳授業で活用するためには，「何について考えるのか」の「テーマ設定」と「円の広がりの視点」がポイントです。右図は「人はなぜ働くのだろうか」の問いに対して授業の事前と事後（振り返り）で同心円チャートを活用したワークシートです。「自分」「家族」「社会」の3つの視点で考えさせると，授業の前後でその共通点や相違点，関係性に気づくことができます。道徳的なねらいである勤労の意義について，それぞれの視点から関係付けて考えさせることがポイントです。

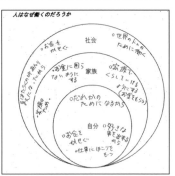

🍃 PMI シート

PMI シートでは，トピックやテーマに対して「よいところ（Plus プラス）」「よくないところ（Minus マイナス）」「気になること・アイデア（Interesting インタレスティング）」の３つの視点から考えを書き込みます。多面的・多角的に考えることにつながります。

P（プラス） よいところ	M（マイナス） よくないところ	I（インタレスティング） 気になること アイデア等
撮影場所が 人気に みんなに知って もらえる	個人情報が洩れる 場所が特定される （迷惑）	人が集まったら困る ことも モザイク処理で情報 保護

道徳授業では，友達と一緒に撮った写真を SNS にアップする際の判断を考える授業で活用できます。考えを分類したり，理由を考えたりすることで問題をより客観的に判断することができます。「SNS にアップすることが問題ではなく，使い方に問題があった」ことに気づくことができました。

🍃 フローチャート

フローチャートとは，「考える過程やプロセスのステップを矢印でつなぎ，順を追って考えを整理する方法」です。論理の筋道や思考の流れを構造的に整理し，可視化できます。

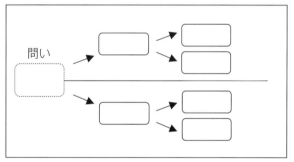

道徳授業では，「問い」に対して自分の立場だけでなく，別の視点で考えさせるのがポイントです。98ページの事例「図書館はだれのもの」では「どちらの気持ちに共感するか」の問いに対して「みちお」と「大学生」の両方の視点で考えさせています。さらに，その後の思考を広げさせるために「未来（今後）はどうなるか」ということも考えさせています。友達との話し合いの中で友達の考えを色を変えて加筆させることもおすすめです。物事を多面的・多角的に考え，論理的に吟味し，判断することができます。

議論するツール

付箋による KJ 法

　文化人類学者の川喜田二郎氏が考案したアイデアを分類整理する方法です。KJ は川喜田二郎氏のイニシャルからとられたものです。テーマ（課題）に対して，付箋等の紙１枚に１つの事柄を書きます。それをグループで似ているものをまとめて整理し，「島」をつくります。島に名前をつけ，考えを分類整理する方法です。比較的簡単で視覚的にもわかりやすく，グループでの相互の活動が活発にできることから，教員研修等でも多く用いられています。子どもたちでも十分できる分類整理法です。

　道徳授業では，一人ひとりが自分の考えを明確にすることと，グループのメンバーの意見を分類し，調整するときに有効です。課題を見つける際には特に効果的な方法です。付箋に書くことで自分の考えが明確になります。他のメンバーの意見と比較することができ，多面的・多角的な見方・考え方へと発展させることができます。

聴き合い活動（シェアリング）

　聴き合い活動とは，「グループのメンバーの一人ひとりの考えを伝え合い，聴き合い，質問や意見を通して自分の考えをより明確にする活動」です。基本的なやり方は次のとおりです。

　グループ（４人程度）内で司会を決めます。そして，話す順番を決めます。まず，最初のAさんが「私が大事だと思ったのは○○です。その理由は□□だからです」等のように理由を明確にしながら自分の考えを伝えます。残りの３人はうなずきながら相手を見て終わりまで聴きます。次に，「質問タイム」です。「○○が大切な理由をもう少し詳しく教えてください」「○○は大事だと思いますが，△△についてはどう思いますか」等です。そして，「意見タイム」になります。「私もAさんの考えに○○だから賛成です」「Aさんの□□という理由になるほどと思いました」等と相手の意見に肯定的な部分を出しながら，自分の意見を伝えます。このパターンをBさん・Cさん・Dさんへと繰り返します。このプロセスを通して，自分の考えがより明確になるとともに相手から認められている実感がもて，安心感が高まります。（参考：『「価値の明確化」の授業実践』尾高正浩，明治図書，2006）

　道徳授業では，グループで何らかの結論を導き出す授業（クローズドエンド）ではなく，それぞれの考えが尊重されるような授業（オープンエンド）に用いると効果的です。例えば，「友情」について自分の考えを深める授業です。「すてきな友達」をテーマに「どんな人と友達

になりたいか」を話し合うとどの考えも否定することはできませんし，その人の考えに対して，質問や意見を言うことで学ぶこともあります。自分の価値観を明確にすることができ，肯定的に聴いてもらうことで気持ちも温かくなる授業になります。教科書教材で「友情」等について考えたあと，聴き合い活動で自分の考えを明確にする授業も効果的です。

● ビンゴ

ビンゴ（bingo）とは，「数字合わせのゲームの1つ」です。マスの数はそのときで変わりますが，人より早く「縦」「横」「斜め」のいずれかがそろえば勝ちというゲームです。応用編として，数字の代わりに「お題に沿った言葉」（例えば，「都道府県名」「果物」「動物」等）を入れることで学習や人間関係づくりにも活用できます。

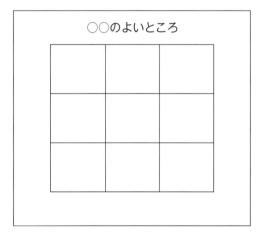

道徳授業では，「〇〇のよいところ」をテーマとして考えるのもよいでしょう。例えば，「日本のよいところビンゴ」を9マスで行った場合，最も有利な「中央」に入れるものが「1番出そうなもの（ランキング1位）」になります。次に有利な場所は「四隅」です。つまり，「四隅に入れたものが出そうなものの2～5位」になります。その他は，6～9位となるものです。「中央」「四隅」「その他」の三段階のピラミッドランキング（23ページ）と表現したほうがわかりやすいかもしれません。ビンゴは楽しいので盛り上がりすぎると本来の道徳的なねらいが薄れることがあります。留意して活用してください。

● 宿題の活用（事前学習）

宿題の活用（事前学習）とは，「与えられた課題（従来学校でやっていたようなもの）を家庭で解決する，学んでくる方法」です。「反転学習」としても取り入れられ，学校の授業では「宿題」についての自分たちの考えを交換し合ったり，課題について深く議論したりする授業になります。授業では教材理解の時間が短縮され，話し合いの時間が確保できます。一方で個人差も生まれやすく，同じ課題でもその理解度が異なることがあり，学校での学習が深まらないこともあります。

道徳教材の中には，長く複雑で読み取り（理解）に時間がかかるものがあります。そこで，宿題として事前に教材を読み，ある程度，内容を理解した上で自分の考えや課題意識をもって授業に臨む学習方法が有効です。道徳科の「反転学習」です。個人によって理解の差があってもそれを学校での話し合いによって深い理解へと変えることができます。教材理解の時間が短

縮され，話し合いの時間が確保できます。また，事前に子どもたちの教材に対する感想や課題意識を知ることによって，教師は授業構成を考える参考にしたり，意図的指名に役立てたりすることができます。また，子どもたちにとっても事前の考えと事後の考えが比較しやすくなります。授業評価の記録としても活用できます。

● 宿題の活用（事後学習）

　宿題の活用（事後学習）とは，「学校での学習後に行う家庭での学習活動」です。宿題は「事前学習」「反転学習」としての活用もありますが，学校での学習をもとにした「事後学習」「発展学習」としての活用も有効です。事後学習としては「振り返り」（復習・見つめ直し等）の他に，「発展学習」の視点があります。発展学習としては自分が関心をもったことに対して調べてまとめる等の学習活動があります。道徳授業で学んだことを家庭で振り返ってみる等の活動です。もやもやしている点や疑問に思ったことについて家族と話し合う等もよいでしょう。また，「郷土のよさ」について学んだ後に自分たちの町のよさについてリサーチすることも発展的な事後学習です。道徳の時間で学んだことをどのように深めていくのか，発展させていくのかも今後の道徳授業を充実させるためのポイントです。

● 議論班

　議論班とは，「話し合いのために編成する班」です。生活班や学習班とは異なり，「課題について様々な考えを交流したり，意見を交換しながら考えたりするための班」です。基本的に異なる考えや意見，立場の人が混じった4人程度の班を編成します。

　メンバーが固定的ではなく，課題（議題）によって変わるのが特徴です。様々な意見をもっている友達と話し合うことで多面的・多角的な見方ができるようになったり，自分の考えの根拠がより明確になったりします。メンバーが変動し，異なる考えの人と意見を交換することから，「誰とでも意見の交流ができる」「互いの意見を尊重できる」学級経営が基盤となります。

　道徳授業では，子どもたちが主体的に学習する手立ての1つとなります。例えば，教材を事前に「宿題」として読み，「第一次感想・考え」をもとに議論班を編成するのです。議論班が活性化するためには，事前の「第一次感想・考え」の内容を教師が把握し，分類して「問いを立てる」ことがポイントです。自分たちの最初の思考（第一次感想・考え）をもとに授業が展開されることで，子どもたちが主体的に「考える」活動を行いやすくなり，議論も深まっていきます。

● トーキングサークル

トーキングサークルとは,「ネイティブアメリカンの伝統的な対話の方法」です。参加者で円になり,「トーキングピース（例えば「鳥の羽根」や「ペン」等）」をもった人が発言し,その話が終わるまで他の参加者が聴くという,一人ひとりを尊重する方法です。学級づくりやPBL（Project Based Learning）の振り返りの場面でも活用されています。

道徳授業においても,一人ひとりの考えや発言を尊重する方法として有効です。「議論」ではなく,お互いの考えを認め尊重する方法です。自分

の話を聴いてもらっている感覚が育ち,温かい雰囲気が生まれやすくなります。「どの考えも尊重される場面」,例えば,振り返り（シェアリング）の場面等でお互いの考え,気づきを聴き合うのもよいでしょう。

● 役割取得

役割取得能力とは,「自分の立場からだけでなく,他者の立場に立ち,相手の感情や思考を理解できる能力」（Selman）です。「自分が相手の立場だったら……」と考え,自分の言動を調整する力は,問題場面での判断や人間関係形成においても大切な力です。学校教育の中で「役割取得」を体験的に行うことも子どもの成長を支える上で意味があることです。「他者の立場に立って,相手

の感情や思考を理解する」ことは,道徳的な問題を解決するためにも,よりよい社会を形成する一員となるためにも必要な力です。

道徳授業では,対立する場面において「賛成派」と「反対派」に分かれるときに,機械的に役割を割り当て,「本来の自分の考えではない立場」に立って問題を考えます。そのとき,その立場の根拠だけでなく,「感情面の理解」がポイントとなります。立場に立ったことで気づくこともあります。その上で「立場を解除」し,自分の考えを見つめ直し,最終判断をします。このように,問題場面において相手の感情や思考を理解して判断することはよりよい意思決定をするために必要です。

● ペアトーク

　ペアトークとは，「隣同士等の２人組でお互いの考えや意見を聴き合う方法」です。学級全体の前では話しにくい場合でも２人なら話しやすくなります。言語化して相手に伝えることで自分の考えが明確になります。また，相手の話から自分の考えと似ているところを見つけたり，比べたりすることができるのも特長です。ポイントはお互いの話を聴き合える関係があることです。その関係を築くためには例えば，「聴き方あいうえお」（相手を見て，うなずきながら，笑顔で，おしまいまで聴く）のような「聴き方の約束」が必要です。質問をするのも積極的な聴き方です。２人組で考えを交流できれば，その後の話し合いも活発になります。

　道徳授業では，発表する人が限られることがあります。そんなとき，「ペアトーク」は有効な手立てです。自分の考えをペアの相手に伝えることで「自分の考えに自信をもつ」ことができます。聴き合うことで認められている意識が高まります。教師は「ペアトーク」の最中に机間指導をし，うまく意見が交流できていないペアのサポートをします。あわせて，それぞれのペアの話を把握し，全体での意見交流を促進する意図的指名に役立てることもできます。ポイントは一方的に「話して終わり」にならないことです。同じ点や違う点等を交流し合うことが大切です。

● ディベート

　教育で活用されるディベートとは，「論題に対して，肯定する立場と否定する立場とに分かれ，根拠に基づいた議論によってどちらが優位かを判定するコミュニケーション活動」です。判定をする第三者の「ジャッジ」を置くことがポイントの１つです。「ジャッジ」に支持してもらうために様々な根拠を提示したり，相手の主張に対して反証したりすることを通して，論理的思考力，批判的思考力，表現力等を養うことができます。（参考：日本ディベート協会HP　https://www.japan-debate-association.org）

　道徳授業でも，ジレンマ教材等を活用してAとBの立場に分かれて議論する授業を展開する

ことがあります。「肯定派」「否定派」と「ジャッジ」に分かれるスタイルのほか，簡易的に「ジャッジ」を置かずに2つの立場で議論するスタイルが多く見られます。道徳授業では「勝ち負け」が目的ではなく，議論を通して多面的・多角的に考え，価値の理解を深めたり，道徳的判断力を高めたりすることが目的です。

　そのため，途中で立場を解除して「自分の判断で考えさせる」ことがポイントとなります。しかし，子どもたちは議論が白熱するほど勝ち負けにこだわる傾向が見られ，本来の道徳的なねらいが薄れてしまうことがあります。ディベートのもつ長所と短所を理解し，子どもたちの実態を踏まえた上で活用するとよいでしょう。

● コミュニケーション用ボード

　コミュニケーション用ボードとは，「グループで課題について話し合いをするときに，考えを共有するためのボード」です。同時に見たり書いたりすることができ，グループの話し合いのプロセスを残すこともできます。また，話し合いの結果やつながりをまとめて発表するときの資料とすることもできます。書いたり消したりすることが容易なことも特長の1つです。

　道徳授業では，グループで「どのような考えや意見が出たのか」を紹介し合う授業に有効です。視覚的にわかりやすくなり，板書で整理する際にも活用がしやすい汎用性の高いツール（道具）です。日常の授業等で活用を繰り返すことで，「時間短縮ができる」ほか，「見やすさ」「まとめ方」「発表の仕方」等のスキルも向上します。

ICT

　まず，自治体によってインストールされているアプリが異なります。大きく Google と Microsoft に分けられます。それらに加えて「ロイロノート・スクール」や「SKYMENU Class」を導入している地域もあります。それぞれのアプリの特長は次のとおりです。

❧ Google Jamboard（ジャムボード）

　共同編集機能があるアプリです。テキストボックス等を用意しておくと，考えを記入して自分が思う場所に移動させることができます。お互いの考えを確認することができるアプリです。

　道徳授業では，「ネームプレート」の代わりに活用することができます。自分の名前を書いた「付箋」を置く位置で賛成か，反対かの度合いを示すことができます。思考ツールの「スケール」（24ページ）と同様の使い方です。また，「付箋」に自分の考えやキーワードを入れておくとそれをきっかけに話し合いを展開することができます。

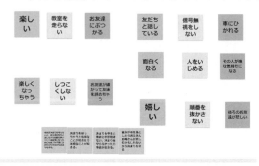

❧ Google Meet

　WEB 会議用のツールです。リアルタイムで双方向のやりとりができます。臨時休校になっても双方向の授業ができます。「チャット」に自分の考えを打ち込み，共有することができます。前述の Google Jamboard をオンラインで活用することもできます。また，「ブレイクアウトセッション」を作成することができ，小グループでの話し合いも可能です。

❧ Google フォーム

　Google フォームはアンケート等を手軽に作成することができ，入力された回答は自動で集計され，円グラフ等で視覚化できます。児童生徒の意識調査にも活用ができ，道徳授業では導入で活用するケースがあります。

❧ Google スプレッドシート

　Google フォームよりももう少し詳しいアンケートの作成ができます。回答のデータを並び

替えたり，データをもとにグラフを作成したりすることができます。留意点は，自分の回答が全員に見られてしまうことです。

SKYMENU Class ポジショニング

思考ツールの「スケール」と同様の活用ができます。マーカーで自分の考えの場所を示すことができ，指で操作できるので低学年でも活用しやすいアプリです。また，時間を設定するとその時間内に移動したマーカの軌跡もわかります。コメントも入力できます。全員の考えの位置を表示することもできます。「スケール」と同様の使い方ができるので道徳授業でも活用しやすいアプリです。

SKYMENU Class 発表ノート・SKYMENU Class マッピング

発表ノートでは，タブレットの画面上に手書きで線や文字を書き込んだり画像を貼り付けたりすることができます。さらに，発表ノートからカメラ機能を起動して活用すると写真や動画の撮影ができます。また，マッピングは思考ツールの「ウェビング」と同様の機能があります。思考を可視化しながらイメージを広げることができます。さらに，指でカードの周りを囲うとグループ化してまとめることができます。

ロイロノート・スクール

ロイロノート・スクールの強みは，他のアプリと同様の機能があることに加えて，シンキングツールが充実していることです。本書でも紹介しているYチャートやフィッシュボーン，クラゲチャート，バタフライチャート，ピラミッドチャート等のツールが既に入っています。道徳授業でも活用したいですね。

Microsoft Teams

Microsoft Teams にはオンライン会議ができる機能やチャットでファイルを送る機能があります。また，共有ファイルを作成することもできます。例えば，板書の写真を撮って道徳授業の共有フォルダに入れておけば振り返りをするときに便利です。児童がコメントを書き込むこともできます。その他，「ブレイクアウトルーム」や「ホワイトボード」も活用できます。

（土田雄一）

3章

考えるツール&
議論するツール& ICT
でつくる新授業プラン

スケールを活用した授業

―ずるい？ずるくない？（１年生）―
（出典：新・ざわざわ森のがんこちゃん　NHK for School）

土田雄一の"ココ"がポイント！

　１年生の子どもたちが「ポジショニング機能」を活用して「スケール」で自分の立場を表現できるようにした実践です。全員の色が違うマーカーを指で移動させることができるのは１年生にぴったりな活用方法です。教材の番組を問題場面で停止し，どちらを選ぶか，児童に考えさせたのは実態に合った展開です。二次判断をした後にグループで考えを聴き合い，全体で共有する展開も自分の考えを言語化したり，多様な意見を聴いたりすることができて効果的です。「スケール」はシンプルで，自分の気持ちの変化を可視化できるので１年生に有効な思考ツールと言えます。

❶考えるツール＆議論するツール＆ ICT の活用ポイント

　「スケール」を使い，自分の考えを簡単に表現できるようにしました。中央部は「どうしよう」と迷いを表していることを伝え，二項のみの選択ではないことを確認しました。

　ICT の「ポジショニング」という機能を使用しました。画面左上に出てくるマーカーを指で移動することで，自分の考えを示すことができます。判断の理由については，画面下にあるコメント欄に，指やタッチペンで文字を書くと，それをデジタルの文字に変換してくれます。誰がどのような考えをもったのか，全員の考えを画面上で見合うこともできます。

❷白熱した話し合いをつくるその他の工夫

　教材「ずるい？ずるくない？」を前半と後半に分けて，視聴しました。１年生という発達段階を考えると，最後まで一気に見てからだと，最後の印象が強く残ってしまい，迷っていたときの主人公（がんこ）の気持ちに寄り添うことが難しいと考えたからです。前半部を視聴してから，がんこが何について迷っていたのか確認をして，一次判断を行い，判断した理由について全員で話し合いました。次に，後半部を視聴して二次判断を行い，判断した理由について，まず，グループで話し合いました。全員に発言の機会を与えることで，自分と友達の考えの相違について真剣に聴くことにつながり，視野を広げたり，深めたりしやすくなります。

🖋 本時の流れ

（1）主題名　だれにたいしても

（2）教材名　ずるい？ずるくない？（出典：新・ざわざわ森のがんこちゃん　NHK for School）

（3）ねらい　相手にとって必要なことや物が何かを考え，人によって特徴や違いがあることに気づき，それぞれの特徴に応じて接していこうとする態度を養う。

（4）展開の大要

	学習活動・主な発問と予想される子どもの反応	指導上の留意点
導入	1　アンケート結果を提示する。 ○生活の中で，「ずるいな」と思うときはありますか？ ・6年生と給食の量が違うとき。	・アンケート結果を見ながら自分の今までの体験を思い出させる。
展開	2　「ずるい？ずるくない？」の前半部を見て，話し合う。 ○がんこは何について困っていたのかな？ ・台の数を同じにするか，人によって変えるか。 ○あなたががんこなら，どちらを選びますか？（一次判断） ・どちらがよいのか迷っている。 ・ピロは背が低くて届かないから，台の数を変える。 3　「ずるい？ずるくない？」の後半部を見て，話し合う。 ○実をもらったとき，がんこはどんな気持ちだったでしょう。 ○あなたががんこなら，どちらを選びますか？（二次判断） ・ピロに台をあげることは大切だとわかった。 ・背の高さも食べる量も違うから，もらえる物も違っていた。 ・他にもこういうことってあるのかも。	・がんこの視点で見るように促す。 ・問題点を確認する。 ・図を使い，台の数の違いに着目させる。 ・ポジショニング機能のスケール量を活用して，自分の判断を表現したり，理由を書いたりする。（一次判断，二次判断） ・教材の例だけではなく，他の場面でも同じようなことはないかを考えさせる。
終末	4　本時の学習を振り返る。 ○初めて知ったことや，考えたことを書きましょう。 ・その人にとって，必要な物をあげることが大切だとわかった。	・自分の今までの経験について振り返らせたり，これからのことを考えたりさせる。

（5）評価　相手にとって必要なことや物は何かを考え，人には特徴や違いがあることに気づき，それぞれの特徴に応じて接していこうとしていたか。（発言・ポジショニング機能の記述）

🎤 授業の実際

❶教材のあらすじ

　がんこ，バンバン，ピロの3人は，誰が1番多く木の実をとれるか，競争することにしましたが，ピロだけ木の実に手が届きません。その様子を見たチョビが「ピロの台の数を多くして，手が届くようにしよう」と提案しましたが，「ピロだけ台の数を多くするのはずるい」と反対されてしまいます。どちらがよいのかわからず，困ってしまうがんこ……。しかし，その後，がんこは「必要な人に必要な物をあげることが大切」ということに気づきます。

❷導入

　導入では，事前に子どもにとっていたアンケート結果を，大型テレビで映し出しました。次に，「今日はがんこちゃんが友達と遊んでいる中で，『ずるい？ずるくない？』と悩んでしまうことが起こります。どうすればよいか考えていきましょう」と伝え，課題を共通理解しました。

❸展開

　「ずるい？ずるくない？」の前半部（6分24秒まで）を視聴し，「がんこは何について困っていたのだろう」と発問し，問題点を確認しました。次に，「あなたが，がんこならどうしたらよいと思いますか？」と発問し，一人ひとりがポジショニング機能を活用して自分の考えの場所にマーカーを移動させ，その理由についてコメント欄に指で書きました（一次判断）。その後，全員のマーカーが表示された画面を見せて，どのように考えたのか，話し合いました。多くの子どもは「ピロはジャンプしないと届かないから，台の数を変えた方がよい」を選択しましたが，「台の数を変えると，ピロが取れすぎてしまうのでよくない」「どちらの気持ちもわかる」という子どもも数人いました。また，台の数を変えた方がよいとは思うけれども，本当にそれでよいのかな……と考え込む子どももいました。全員で様々な考えを共有し，理解しました。

> ┌─ ICT活用のポイント ─┐
>
> 　ポジショニング機能のマーカーの色は全員違うので，操作する側も見る側もわかりやすいです。誰の考えかを知りたいときには，マーカーの横に名前を提示することもできます。

次に，「ずるい？ずるくない？」の後半部（続きから8分22秒まで）を視聴しました。体の小さいピロとチョビが，がんことバンバンに「2人は体が大きいから僕のを1つあげる」と言いながら木の実をがんこに渡す場面です。「木の実をもらったがんこは，どんなことを考えたでしょう」という発問に対し，「こんな友達がいたらうれしいな」「数が違ってもよいのだな」「背の高さや食べる量が違うから，台の数も違ってよかったんだ」等の意見が出されました。

ポジショニング機能を活用し，再度「あなたが，がんこならどうしたらよいと思いますか？」と発問し二次判断を行いました。その後，グループになってお互いの考えを聴き合い，全体で共有しました。そのときには，「弱い立場の人のことを考えることが大切」「一人ひとり違いがあるから，与えられる物も違ってよい」という考えが出されました。右図の上側が一次判断，下側が二次判断の結果です。迷いがあった子どもが，皆と話し合う中で自分の考えを少しずつ明確にしていきました。

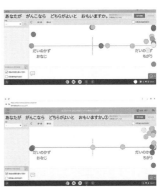

ツール活用のポイント

　スケールを用いた活動は自分の意見を示し，そう考えた理由を明確にわかりやすくするため，1年生でも思考しやすいと感じました。話し合いも進めやすかったです。

❹終末

　「違いがあるから，その人の特徴に合った対応が必要」ということに気づきました。ただ，具体的にどのような場面か……という点については，まだ想像することは難しいようでした。

❺授業を終えて

　スケールは，自分の気持ちの変化に気づくという点で，非常に有効だったと感じています。ポジショニング機能は指で位置を移動させることができるため1年生に適しています。

（佐藤範子）

Google フォーム・19の心を活用した授業

―でんごんツバン（2年生）―

（出典：新・ざわざわ森のがんこちゃん　NHK for School）

諸富祥彦の"ココ"がポイント！

　この授業では，「考えるツール」として「19の心」を使っています。これを使って，もめごとを起こさず相手に大切なことを伝えるために必要なのは「よいわるいか見わける心」なのか，それとも「やりすぎない心」なのか，あるいは「きまりをまもる心」なのかを子どもたちに自分で考えさせることができるようにしているのです。すばらしいのは，「どうしたらもめごとを起こさないようにすることができるか」を考えるという問題解決的な思考を，19の価値項目を使って行うことができるようにしてある点です。「価値の学習と問題解決的な学習を同時にできる工夫」がなされています。Google フォームで，一人ひとりの答えと全体とが簡単につかめるのもよいですね！

❶考えるツール＆議論するツール＆ICTの活用ポイント

　子どもたちにアンケートをとって即時に共有できるICTツールにGoogleフォームがあります。教員の端末で一人ひとりの回答の詳細や全体の概要（グラフ）等を見ることができます。

　今回は，これとあわせて，「19の心」を活用します。「19の心」は，低学年の内容項目を子どもたちにとってわかりやすい言葉で整理したものです。これを掲示しておき，教材について考える際の視点，つまり考えるツールとして活用しました。

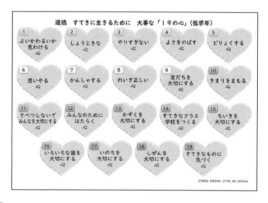

　教材として，NHK for School を活用しました。動画ならではのよさがあり，特に情報モラル教育では，立場や空間，時間が変わっていることがわかりやすい点に強みがあります。

❷白熱した話し合いをつくるその他の工夫

　動画教材を視聴後に問いをつくり，その問いについて「心」を窓口にして考えます。それをGoogleフォームで回答することで，子どもたちの意見を円グラフで即時に共有できました。こうすることで，実に多様な意見が出てきます。結果の画面を見ながら，その心がどこで出てくるのか，どう関係するのかと内容項目の視点から考え，活発な議論が生まれます。多くの発見があり，まさに多面的・多角的な学びが期待できます。

● 本時の流れ

（1）主題名　上手なつたえかた
（2）教材名　でんごんツバン（出典：新・ざわざわ森のがんこちゃん　NHK for School）
（3）ねらい　がんこちゃんたちの姿を通して，相手に伝えるときに大切なことについて考えさせ，善悪
　　　　　　を考えたり，節度をもって相手のことを考えたりしながらメール等のやりとりをしようと
　　　　　　する心情を育てる。
（4）展開の大要

	学習活動・主な発問と予想される子どもの反応	指導上の留意点
導入	○まずは，動画を見てみましょう。 　（教員機＋TVモニタで一斉視聴）	・動画教材で，学びの土台をつくる。
展開	1　お話を見て，解決したい問いを考える。 ○どうしたら，もめなかったのかな？ ○問いについて大事だと思う「心」を考えてみましょう。 　（Googleフォーム） 2　その心をどこで感じたのかを語り合いながら，教材について内容項目の視点で考えていく。 ・1の「よいかわるいか見わける心」が足りないから，言っちゃだめなことを言っちゃった。 ・3の「やりすぎない心」を大事にしたら，こんなことにはならなかったと思う。 ・10の「きまりをまもる心」で，メールをするときのきまりを守ったほうがよい。	・何を考えようか，と主体的に問いをもてるように促すとよい。 ・複数回答できるようにするとよい（大事だと思った心や足りないと思った心で分けて質問してもよい）。 ・子どもの発言を板書に整理しながら情報モラルについて，いろいろな面から考えられるようにするとよい。
終末	○今日の学びを振り返ろう。 ・友達のことを考えながら，言いすぎたりしないでメールを使うようにしたいな。	・自分の大切にしたい内容項目から振り返る（個別最適な学び）。

（5）評価　友達とうまく付き合うための情報活用について，大切にしたい内容項目を自分事として考え
　　　　　ることができる。
　　　　　友達の考えを聞きながら，様々な面から上手に相手に伝えるためにメール等のツールを使お
　　　　　うとする実践意欲をもつ。

● 授業の実際

❶教材のあらすじ

　話した言葉を他の人に伝える鳥「でんごんツバン」。がんこちゃんたちは，伝言を楽しんでいるが，でんごんツバンは言葉の抑揚や感情を伝えられません。そして，返事が遅い等，タイミングも合わなくなり，だんだんと行き違いが起こり，ついにトラブルが起きてしまいます。メールのやりとりの難しさや行き違いについて擬人化することで，メールの経験の有無によらず，どの子にもわかりやすく伝えられるように工夫された教材です。

❷導入

　NHK for School の動画教材を活用します。それぞれの端末で視聴することも可能ですが，一体感を生んだり，場面に対するつぶやきも含めて共有できたりするように，教員機と TV モニタやプロジェクタを活用して，みんなで一斉に視聴するようにします。「えー！」「それ，だめー！」「あー，これはまずい」等，友達が教材と対話している声も大切です。黙って見るのではなく，邪魔にならない程度に，つぶやくことを大切にするとよいでしょう。

❸展開

　視聴後に感想を少し聞きながら，「今日は何を考えるとよさそうかな」と問いをつくっていきます。本時では「どうしたら，みんながもめなくてもよかったのかな？」という問いが生まれました。問いをつくる際には，「これを考えたら，何かよいことがありそう？」と自分たちにとっての学びの意味を考えさせるとよいでしょう。今回は「これがわかったら，自分たちももめなくてすむから」と，学びの意味を考えることができたので，この問いで学びを進めることにしました。

　「では，『19の心』を使って，どんな心が大事なのか，問いについて考えてみましょう」と1人1台端末を活用して Google フォームに回答してもらいます。事前に回答の仕方を伝えておけば，1分もかからずにできてしまいます。

　1番多かったのは，「やりすぎない心」でした。ついつい，言いすぎてしまったシーンについて考えていました。次に多かったのは，「よいかわるいか見わける心」でした。伝える中身を考えたほうがよいと考えていました。

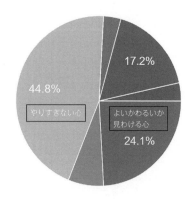

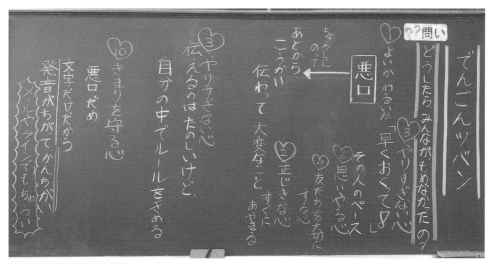

ツール活用のポイント

　「どうしたらよかったのか」という問いは，一見「行為を考える」問いになっています。しかし，これに「19の心」を活用して，内容項目という視点で話し合うことにより「行為を支える心情」について考えられます。また，同じように見えていることでも，子どもにより大切にしていることが多様で，より多面的・多角的な学びにつなげることができます。

　メールをする際には，「早く返事を送って！」ではなく，その人のペースを考えることが大切であることに気づいた子どもたち。それは，「3　やりすぎない心」や「6　思いやる心」，「9　友だちを大切にする心」から生まれる行為であると考えていました。友達のペースを大切にするということだけでも，いろいろな心がそれを支えているという学びが生まれました。

❹終末

　「でんごんツバンはいないけれど，メールやメッセージを使うときには？」と自分事として具体的に考えた結果，多くの子どもが「文字だけでは，気持ちが伝わりにくい」ということに着目をして考えられました。最後には，「19の心」をもう一度使って，自分がこれから大事にしたいと思った心とその理由を学びの記録として書きました。

❺授業を終えて

　「相手のことを考えて，言いすぎないようにしよう。友達でも言いすぎたらだめだから，よいか悪いかよく考えたい。よいクラスをつくるために，言いすぎには気をつけたい」

　学びの記録には，そんな多様な考えがありました。一人ひとりがどう生きていきたいのかを考え，それを記録するためにもこのツールは有効であると思います。

（安井政樹）

事例 3

心の数直線を活用した授業

—お月さまとコロ（2年生）—
（出典：光村図書）

諸富祥彦の"ココ"がポイント！

　ICT活用のよさは，「見えないものを見える化する」ことができる点にあります。
　この実践では，「心の数直線」を使って，自分の心の揺れや葛藤を「見える化する」ことに成功しています。「心の数直線」の中に「素直に謝ることができる心」をピンク色，「なかなか謝ることができない心」を青色で表現することで，2年生の子どもでも，何色が多いかぱっと直観的に理解し表現できます。しかし，こうした工夫は手段にすぎません。「そこにどんな気持ちがあるのか」と発問し，考えさせ，隣の子と話し合うことで，子どもたちは色で表現した気持ちを言葉で表現することができるようになります。

❶考えるツール＆議論するツール＆ICTの活用ポイント

　「正直に言うことや素直に謝ることは大事」という道徳的価値理解の一方で，自らの経験から「でも……」という心の揺れを正直に出しやすく人間理解につなげやすい内容項目です。そこで活用したいのは，「心の数直線」（熊本市教育センター）です。

　2年生でも，直感的に使えるこのツールを用いることで，自分の心の揺れや葛藤を見える化させ，議論につなげることが可能です。なお，このツールは，インターネットブラウザ上で動くので，端末のOSや入っているソフトを気にせずに活用できます。これを全体に共有したい場合には，スクリーンショットをして，ロイロノート・スクールやまなびポケット等の別のアプリを使うとよいでしょう。

出典：e-net（熊本市地域情報ネットワーク）
http://www.kumamoto-kmm.ed.jp/

❷白熱した話し合いをつくるその他の工夫

　ICTを使って共有することは，それを見ただけでわかった気になってしまうという副作用があります。「みんなの考えがわかった！」「青色の人が多かった！」というレベルでの共有です。ここで終わっては，ICTを使うことに意味があるという「手段の目的化」に陥ってしまいます。そこで，「『この青色（ピンク色）には，どんな気持ちが詰まっているの？』とお隣さんに聞いてごらん」と一言伝えてみましょう。子どもたちは一気に話し始めます。これが，白熱した話し合いをつくるという目的のための「手段としてのICT活用」をするためのポイントです。

🍂 本時の流れ

（1）主題名　明るい心で

（2）教材名　お月さまとコロ（出典：光村図書）

（3）ねらい　友達に素直に謝ることができずに悩むコロの姿を通して，明るい心で過ごすにはどうすれ
　　　　　　ばよいかについて考えさせ，いけないことをしてしまったら素直に謝り，伸び伸びと生活
　　　　　　しようとする実践意欲と態度を育てる。

（4）展開の大要

	学習活動・主な発問と予想される子どもの反応	指導上の留意点
導入	○みんなは，謝ることは，得意かな？ ○みんなと同じような悩みをもつ子が出てくるお話です。どんなお話か読んでみましょう。	・まだ，自己を見つめることに慣れていない子どももいるため，思い出せない子どもに無理をさせない。
展開	1　お話の山場を考える ○このお話の山場（主人公が変わるところ）はどこかな？ ・お月さまに教えてもらったところ！ ・前は謝れなかったけど，謝れる子になった。 2　ずれを意識しながら問いをつくり，みんなで語り合って考える。 ○どうして，謝れる子になれたのかな？ ・謝らないと，友達がいなくなる。 ・謝れないと，自分も悲しい。	・コロの変化に着目させることで，謝ることができるように成長していく主人公に共感させるとよい。 ・道徳科においても，問題発見・解決能力を育成するために問いを生む関わりを大切にしたい。
終末	○みんなもコロの気持ちがわかるかな？ ・謝れないことが多いなぁ。 ・謝らないと，もやもやするから，謝るよ。	・心の数直線を活用することで，自分の心を見える化する。

（5）評価　素直になりたいのになれなかった経験について思い出し，自分を見つめている。
　　　　　素直に生活していくためはどんなことが大切かを考え，自分の生活に生かそうとしている。

🎤 授業の実際

❶教材のあらすじ

　素直になれず，どんどん友達が減ってしまったコロ。そんなコロに，優しく話しかけてくれるギロにもやっぱり素直になれず，「悪いことを言ってしまった……」と思っていても，謝ることができません。そんなコロに，お月さまは「自分の顔を見てごらん」と伝えます。コロは自分の悲しい顔をみて，はっとします。お月さまのアドバイスを素直に聞いてみたコロは，心が晴れ晴れして，次の日みんなに謝ろうと決めるのでした。

❷導入

　「みんなは，謝ることは，得意かな？」という導入から，多様な意見を出しやすくなるよう工夫しましょう。謝ることが得意な子は，謝ったほうが気持ちがよいことを語ったり，なかなか謝れない子は，「なんか，うまく言えないけど，あまり謝れない……」と自分の悩みを吐露したりします。そういうときは，「先生にもあるよ」と共感的に受け止め，人の心の弱さは誰にでもあるという人間理解につなげていきます。その上で「みんなと同じような悩みをもつ子が出てくるお話です。どんなお話か読んでみましょう」と，教材を読む必然性を感じられるようにするとよいでしょう。

❸展開

　「コロはお話の中で変わったね」と主人公に着目させ，「どこで変わったのかな」「どう変わったのかな」と視点を与えて焦点化をし，前後の変化（ずれ）を感じられるようにします。こうすることで，「なんであんなに謝れなかったのに，謝れるようになったんだろう」というように「自分たちの悩みを投影する『問い』」を生み出すことができます。

　このように，単に時系列に内容を確認するのではなく，山場を意識させ，その変化から学ぶ方法を子どもたちが身に付けられるようにしておくとよいでしょう。

　道徳科において，「問題発見・解決能力」の育成は大切にされるべきです。教師が適切に切り返し発問をしながら，道徳的価値についてより深く考えられるようにしていくことも大切です。

　解決のためにみんなで話し合うという活動をするときには「ノートに考えを整理するのか」「Google Jamboardで整理するのか」というツール＆ICTの生かし方を子ども自身が選択できるように心がけたいですね。途中で，「ペアで話してもよいですか？」という子どもがいてもよいのです。こうして個別最適な学びを意識していくことが大切です。

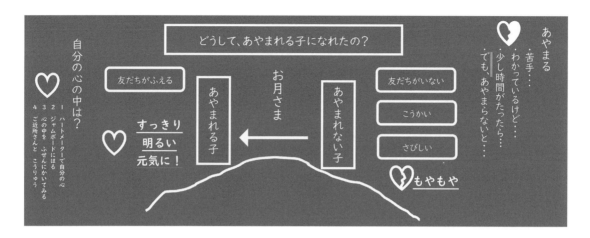

❹終末

　「コロのような悩みを今までもっていたことはあるかな？」と，主人公の姿を鏡として自分のこれまでを見つめられるようにしたいですね。そのために「心の数直線」を活用します。

┌─ **ICT 活用のポイント** ─────────────────┐

　端末操作に慣れないうちは，メーターを動かすだけにして，この心の中を「口で言葉にする」「ノートやワークシートに書く」という活用もできます。文字入力に慣れてくると，2 年生でも自分の心を見つめ，見える化することが可能です。

└──────────────────────────┘

　まず，「素直に謝ることができる心（ピンク色）」と「なかなか謝ることができない心（青色）」は，どちらが多いかな？　と，自分の心の今の状況を心の数直線で表現します。その画面を出した状態で「お隣さんと『そこにどんな気持ちがあるのか』話してごらん」と交流を促します。心の数直線を入口として「言葉に出しながら自己を見つめられる」ようにします。それを付箋で書いて整理してみようとスクリーンショットを Google Jamboard に貼り付けて記入をさせました。

❺授業を終えて

　自分の心がどういう状況なのか。どんな心が自分をそうさせるのか。見えないものを見える化する ICT 活用のよさを感じることができました。こうした学習を通して，主人公の気持ちを考えて見える化する学び方を身に付けていきます。道徳科でも情報活用能力を育成しつつ，ねらいを達成していくことにつながる学習になりました。

（安井政樹）

サークルタイムを活用した授業

―くりのみ（2年生）―
（出典：日本文教出版）

土田雄一の "ココ" がポイント！

　全員の顔を見ながら友達の意見を聞き，考えることを大切にした「サークルタイム」。話したくなければ話さなくてよいというルールが子どもたちに安心感を与えています。そのメリットを生かしながら，視覚に残らないデメリットをICTを活用して見事にカバーしています。今回はサークルの中で教師がホワイトボードに子どもたちの意見を書き込み，タブレットで撮影して電子黒板に送っています。さらに，教師用のタブレットと電子黒板をミラーリングさせ，タッチペンで書き込むとプロセスまで視覚的にわかりやすくなります。前半の「役割演技」で感じたり学んだりしたことを後半の「サークルタイム」で安心しながら発言をしている様子が目に浮かぶ実践です。

❶考えるツール＆議論するツール＆ICTの活用ポイント

　サークルタイムは，イエナプランの「サークル対話」の形式やルールを参考にしています。理念や目的が「サークル対話」とは異なるため，「サークルタイム」と呼んでいます（参考：『今こそ日本の学校に！イエナプラン実践ガイドブック』リヒテルズ直子，教育開発研究所，2019）。円をつくり，全員の顔を見ながらテーマについて話し合います。話すことよりも聞くことや考えること

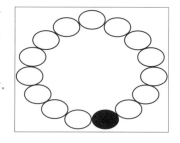

を大切にし，話したくなければ話さなくてもよいというルールがあるので，安心して活動に参加することができます。友達と気楽に話をしながら考える雰囲気を大切にしています。サークルタイムでは，発言が視覚的に残らないデメリットがあります。そこで，教師（●）はサークルの中に入って子どもの発言をリードしつつ，ホワイトボードに子どもの発言を記録し，それを電子黒板や大型テレビに映すことで，授業の振り返りに生かせるようにします。

❷白熱した話し合いをつくるその他の工夫

　登場人物の心情を体験的に理解するために，ロールプレイをしました。登場人物の台詞を教科書のとおりになぞるのではなく，即興でのやりとりを楽しむことを大切にしました。演じた後は実際に演じることから生まれた気持ちや気づきを全体で共有しました。自由に話せる雰囲気づくりを大切にしました。

🍃 本時の流れ

（1）主題名　あたたかい心
（2）教材名　くりのみ（出典：日本文教出版）
（3）ねらい　自分のことしか考えられなかったことを後悔するきつねの姿から，周りの人に親切にすることの大切さを考え，お互いに助け合っていこうとする心情を育てる。
（4）展開の大要

	学習活動・主な発問と予想される子どもの反応	指導上の留意点
導入	1　周りの人に親切にすることについて考える。 ○周りの人に親切にすることは，どうして大切なのでしょう。 ・助けてもらったらうれしいから。	・親切についての課題意識をもたせる。
展開	2　教材を読んで話し合う。 ○きつねはなぜうそをついたのでしょう。 ・自分の食べる分が少なくなっちゃうから。 ○うさぎときつねになって，2人の気持ちを考えましょう。（2人1組でロールプレイ→代表の1組が役割演技） ○うさぎときつねにインタビューしてみましょう。 うさぎへの質問 ・どうしてくりを渡したのですか？ ・自分の分が減るのは嫌じゃなかったですか？ きつねへの質問 ・どうして涙を流したのですか？ ○うさぎときつねの違いは何でしょうか。 ・うさぎは相手のことを考えて，きつねは自分のことだけを考えてしまった。 3　サークルタイムで，親切について深く考える。 ○親切にしてもらってうれしかったことはありますか。 ○周りの人に親切にすることは，どうして大切なのでしょう。 ・相手が喜んでくれたら自分もうれしいから。 ・優しくしてもらえるとうれしいから。 ・自分が困っているとき助けてもらえるから。	・冬を迎える動物の厳しさをおさえる。 ・ロールプレイの際，教科書の台詞を正しくなぞることが大事ではないことを伝える。 ・うさぎの葛藤について触れる。 ・きつねの後悔やうれしさ等，様々な感情があふれたことをおさえる。 ・うさぎときつねの対比を板書で可視化する。 ・教師も円に加わる。 ・子どもの発言をホワイトボードに記録し，それを電子黒板に映すことで，振り返りに活用できるようにする。
終末	4　今日の学習を振り返る。 ○今日の学習から考えたことを書きましょう。 ・お互いに助け合えるとよいなと思った。	・親切にすることの大切さについて書かれた記述があれば取り上げて紹介する。

（5）評価　困っている人に親切にすることや，お互いに助け合うことの大切さに気づくことができたか。（発言・ワークシート）

🟤 授業の実際

❶教材のあらすじ

　きつねはどんぐりをたくさん見つけ，お腹いっぱい食べた後，残りを見つからないように隠しておきます。その帰りにうさぎに会いますが，「何も見つかりませんでした」と嘘をつきます。それを聞いたうさぎは，2つしか見つからなかったくりの1つをきつねに差し出します。きつねは涙を流しました。

❷導入

　「今日の道徳のテーマは『親切』です。周りの人に親切にすることってとても大切だよね。でも，どうして大切なのだろう？」と子どもに投げかけ，教材文を読みました。

❸展開

　あらすじを簡単に整理し，板書しました。ロールプレイでは，2人1組でうさぎ役ときつね役に分かれ，きつねが嘘をつく→うさぎは少し考え込んだ後，くりを差し出す→きつねは涙を流すという一連の流れを体験しました。その後，1組が代表で演技を行いました。演技をして感じたことの共有は，登場人物へのインタビュー形式で行いました。うさぎ役の子どもは「くりを渡してどんな気持ちでしたか？」という質問に対して「きつねがかわいそうだからあげようと思ったけど，自分の分が1つしかないのはがまんしようと思った」と答えていました。きつね役の子どもは「どうして涙を流したのですか？」という質問に対して，「優しくしてくれてうれしくて感動した」「嘘をついてくりをもらってしまって悪いと思った」と答えていました。うさぎの葛藤する気持ちやきつねのうれしさや後悔を全体で共有できました。次に，うさぎときつねの違いを問い，「うさぎはきつねのことを考えていたけど，きつねは自分のことだけだった」ということを板書しました。

　後半はサークルタイムで「親切」について考えを深めました。「親切にしてもらってうれしかったことは？」と問いかけると，友達に助けてもらったこと等，様々なエピソードが出されました。次に，あらためて「周りの人に親切にすることはどうして大切なのだろう」と問いか

> ┃ツール活用のポイント┃
>
> 　「全員の顔が見えるようにきれいな円をつくって座る」「発言しなくてもよい。聞くことや考えることが大切」「発言する人は必ず1人で，話し終わるまで待つ」「指名や挙手をしての発言はなるべくしない」「近くの人と話す時間を確保すると発言しやすくなる」といったことがポイントになります。

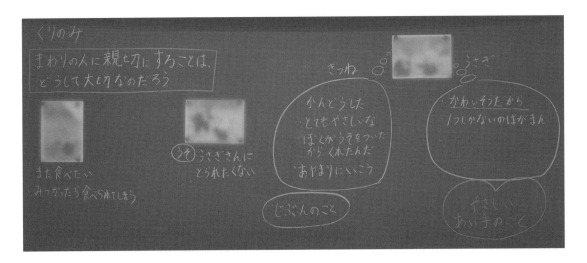

けました。近くの人と話し合った後，全体で共有しました。子どもからは「相手も自分もうれしくなる」「親切にしていると自分も助けてもらえる」「友達ともっと仲良くなれる」等の発言が出ました。子どもの発言を可視化できるようにホワイトボードに記録しておき，振り返りのときにそれを電子黒板に映しました。書くのが苦手な子どもは，サークルタイムの記録を見ながら振り返りを書いていました。

＜ ICT 活用のポイント ＞

　タブレットと電子黒板をミラーリングし，タッチペンで書き込む方法もあります。筆者はタッチペンだと書きづらいためホワイトボード（Ａ３より大きいもの）に書き込み，タブレットのカメラで撮影し，電子黒板に映しています。教師が話し合いを促すことに集中したほうがよい場合は，ＴＴでＴ２の教師が板書するとよいでしょう。

　振り返りを書いた後，「親切にすることで相手も自分もうれしくなってすっきりするからこれからも親切を大切にする」「親切はすぐにじゃないかもしれないけど自分に返ってくるから大事」等の感想を取り上げ，授業を終えました。

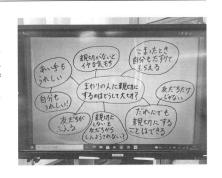

❹授業を終えて

　２年生には難しい課題でしたが，振り返りの記述には様々な視点で親切の大切さについて書かれていました。サークルタイムは自由に発言してよいので，子どもの話し合いをリードしつつ，発言を記録することに難しさを感じました。子どもだけで話し合いができるようになるまで，話をしっかりと聞くための場づくりや問い返しに集中するとよいでしょう。

（佐藤俊輔）

事例 5

Google Jamboard を活用した授業
―黄色いベンチ（2年生）―
（出典：光村図書）

諸富祥彦の"ココ"がポイント！

　Google Jamboard を使うことで，これまでホワイトボードに付箋を貼って考えを表現したり，情報を整理したりしていた作業を端末上で行うことができます。この実践では，「やぶってしまったきまり」や「やぶってしまいたくなるきまり」を黄色の付箋，「そうしたくなる気持ち」を青の付箋，「やぶってしまうと起きる困ること」を赤の付箋で表現させています。そうすることで日常を振り返ったり，他者と交流したりしやすくなっています。また，教材を読む際に「つぶやき」を大切にして，「あ，それはまずい」などとつぶやきながら読む工夫が素晴らしいです！　それによって子どもたちの「もう話したくて，しょうがない」雰囲気を醸成することに成功しています！

❶考えるツール＆議論するツール＆ICTの活用ポイント

　Google Jamboard は，従来のホワイトボードに付箋を貼って情報を整理することと同様のことが端末上で手軽にできるツールです。画像データの上に，デジタル付箋を置くことができますので，本書で取り扱う「考えるツール＆議論するツール」と組み合わせやすいICTツールであると言えます。なお，ロイロノート・スクール等でも同様のことができますので，各学校のICT環境にあわせて活用するとよいでしょう。

　道徳科においても，自分の考えを整理し，見える化することは有効です。自らを見つめることにもつながりますし，これをもとに他者との交流もできるからです。ポイントは何を見える化するかです。子どもたちがその活動に意味を見いだせるような活動にすることが重要です。

❷白熱した話し合いをつくるその他の工夫

　「黄色いベンチ」は，主人公の心の揺れ動きがわかりやすく描かれている教材です。これについては，Google Jamboard を使わなくても，ある程度わかるものであり，一人ひとりの違いがあまりありません。そのために Google Jamboard を使ったとしても，どの子も同じような結果になり，単なる作業という側面が強くなってしまいます。

　そこで，今回は，主人公と同じように「つい，きまりをやぶってしまいそうになる場面」を一人ひとりが自己を見つめながら Google Jamboard に整理しました。子どもたちのそれぞれの経験の違いが表れ，その後の交流もとても活発になりました。

● 本時の流れ

（1）主題名　みんなでつかうものだから

（2）教材名　黄色いベンチ（出典：光村図書）

（3）ねらい　遊びに夢中になってベンチに土足でのってしまった主人公たちが，後からはっとする姿を通して，約束やきまりを守り，みんなで使うものや場所を大切にしようとする実践意欲と態度を育てる。

（4）展開の大要

	学習活動・主な発問と予想される子どもの反応	指導上の留意点
導入	1　公園で遊んだ経験を思い出す。 ・よく，〇〇公園に遊びに行くよ。 ・〇〇公園は，遊具がいっぱいあるよ。	・校区の公園の写真を提示して，日常と教材を結び付ける。
展開	2　教材を読んで，問いを生み，話し合う。 〇きまりを知っているのに，なんでやっちゃうの？ ・3のやりすぎない心が足りないからいけなかった。 ・1のよいかわるいか見わける心がないから，ベンチの上に立っちゃった。 ・10のきまりをまもる心も足りないよ。 3　自分たちのこれまでを見つめて，これからを考えてみる。（Google Jamboard の活用） 黄色の付箋→知っていたのにやぶってしまったきまり， 　　　　　　やぶってしまいたくなるきまり 青の付箋→やぶってしまいたくなる気持ち 赤の付箋→やぶってしまうとどんな困ることが起きるのか	・教材の山場に注目させると，主人公たちの心の動きがとらえやすい。 ・事例2の「19の心」を活用して問いについて考えるとよい。 ・Google Jamboard の付箋を色分けして，自分の経験を振り返り，分析する。 ・共有して話し合うペア対話をするとよい。
終末	〇今日の学びを振り返ろう。 ・きまりをやぶってしまうと，いろいろな人に迷惑がかかったり，けがをしたりするから，気をつけたい。	・自分の経験を語り合う中で，今後自分が大切にしたい生き方に目を向けられるようにする。

（5）評価　身の回りにどんなきまりがあるのか，それを守れているか自分を見つめている。どんなことに気をつけるとよいか，また，気をつけないとどんな困ったことが起きてしまうかについて考え，これからの自分の生活に生かそうとする。

● 授業の実際

❶教材のあらすじ

　公園でおもちゃの飛行機を飛ばすことになった主人公たち。もっと遠くへ飛ばしたいという思いから，土足のままベンチの上にのって夢中になって遊んでしまいます。遊び疲れて休んでいると，土足で汚れた黄色いベンチに小さな子が腰をかけ，洋服が泥だらけになってしまいます。それを見て，主人公たちは，はっと顔を見合わせるのでした。

❷導入

　教材と自分たちの生活をつなげることで，教材に自分を重ねて考えることができます。そこで，導入ではICTを活用して校区の公園をいくつか提示しながら，普段の遊び方について自由に語り合うことからスタートするとよいでしょう。流行っている遊び方の中には，本時のテーマである「きまり」をやぶってしまっていることがあるかもしれません。「みんなと同じように，公園で楽しく遊んでいる2人が登場するお話ですよ」と教材へ誘います。

❸展開

　教材を読む際に，つぶやきを大切にして読み進めます。「あ，それはまずい……」「あー，やっちゃうよね」と自分と重ねながら，教材と対話をするのです。教師が子どもたちの声を受け止めながら範読するようにすると読み終わったときには，もう話したくてしょうがないという空気が生まれます。

　「こういうことってよくあるかもね」と自分の経験を素直に語りやすい学級の雰囲気づくりも大切にしたいですね。子どもの思いを聞きながら，「この2人は，ベンチにのったらダメって知らなかったのかな？」と切り返すと，「知っているけどやっちゃう。僕もそういうときある！」「あ，だから今日はそれを考えたらよいんだ！」と問いを生むことにつながります。

　問いが生まれた後は，事例2（46ページ）の「19の心」を用いて，内容項目の視点から考えてみます。こうすることで，内容項目同士がつながっていることやきまりを守る意味についても目を向けることができるようになっていくのです。

　「よいかわるいか見わける心」が足りないとこういうことが起きてしまう，他の人を「思いやる心」も大事にしなくちゃいけない，「やりすぎない心」がないと夢中になってしまう，「ちいきを大切にする心」がないと公園が汚くなってみんなが嫌になる，というように，このツールを用いることで，より多面的・多角的に本時のねらいである「きまりを守る」を捉えることができるようになるのです。

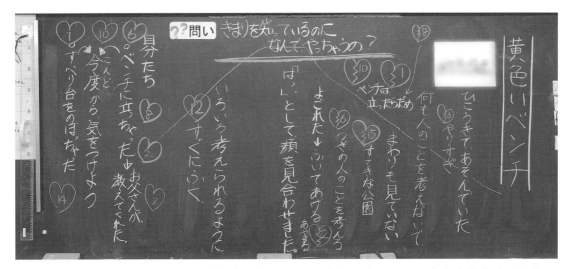

　問いについて考えていく中で，「そういうことって今まであったの？」と自然と自分たちの経験と結び付けていくとよいでしょう。そして，自分たちにもよくあるかもしれないという気づきが生まれたときに，「Google Jamboard」を活用します。

ツール活用のポイント

　知っていたのにやぶってしまったきまり，やぶってしまいたくなるきまりを思い出して黄色の付箋に書きます。さらに，やぶってしまいたくなる気持ちを青の付箋，やぶってしまうとどんな困ることが起きるのかを赤の付箋に書きます。この３つをセットにして日常を振り返り，さらに交流をすることで本時の学びがより自分事になります。

---

❹終末

　自分の今までを振り返り，これからを考えるとよいでしょう。こうすることで自然と実践意欲が高まってきます。これは自らの経験，そのときの心の動き，守らないときの影響等を見える化しているからです。

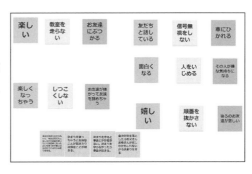

❺授業を終えて

　自分がどうしてきまりを大切にできないときがあるのか，無意識だったり，言葉にできなかったりすることも多くあります。Google Jamboard を活用して友達と交流しながら日常を見つめて見える化することで，自己を見つめる力も高まると思います。

（安井政樹）

事例 6

熊手チャートを活用した授業

―日本のお米，せかいのお米（2年生）―
（出典：光村図書）

諸富祥彦の "ココ" がポイント！

　この授業は，「6つの国にあるお米を使った様々な料理の写真」を教材として用いる国際理解，国際親善の授業です。話し合いが焦点の絞られない漠然としたものになるのは防ぎたい。そこで役に立つのが，「熊手チャート」という優れたツールです。それぞれの国の位置を実物投影機とスクリーンで映しています。その際，料理の説明の中の国名と地図上での国名を「同じ色」で示すなどの工夫をしている点が素晴らしいです。ICTを使った授業は，視覚に訴えるものが多いだけに，こうした「色を使ったちょっとした工夫」ができるかどうかで，わかりやすさが格段に違ってきます。「お米を麺にした料理」や「お米から作ったデザート」が子どもたちには新鮮に映ったようですね。

❶考えるツール＆議論するツール＆ICTの活用ポイント

　この教材では，6つの国のお米を使った料理の写真が紹介されています。その資料を漠然と見て，思ったことを話し合うのではなく，熊手チャートを使ってそれぞれの国の料理について気づいたことや思ったことを書いていくことで，6種類のお米料理それぞれに目を向けることができるようにしました。そうすることで，給食にも出る子どもたちにも身近なビビンバや，目玉焼きがのっているロコモコだけに注目が偏るのを避けることができました。

　黒板は掲示物等でいっぱいになるので，その国の位置を示した地図をICT機器を活用してスクリーンに映すことで，日本から遠く離れた国にも似たような料理があると気づくことにつなげられました。

❷白熱した話し合いをつくるその他の工夫

　この教材は，短くわかりやすい内容です。そのため，お米が他の国から伝わってきたことを知った「わたし」の気持ちを話し合う部分に長く時間を使わないで，後半の話し合いに多くの時間を使えるようにしました。どの料理にも「食べてみたい」と似たような思いを書く子どもには食べてみたい順位を書かせ，その理由を考えさせました。熊手チャートで枠をつくったため，見やすい位置に順位を書いている子どももいました。6つの国の中に自分のルーツをもつ子どももいたので，それぞれが関心をもつ理由も異なり，話し合いが盛り上がりました。校内のユニセフ募金活動の日の近くに実施することで事前学習と関連させ，世界の国々への関心を高めることもできました。

🍃 本時の流れ

（1）主題名　世界のことを知ろう

（2）教材名　日本のお米，せかいのお米（出典：光村図書）

（3）ねらい　世界のお米料理を調べる「わたし」の姿を通して，他の国でつくり出されたものや，伝えられていることについて考えさせ，他国の文化に親しもうとする心情を育てる。

（4）展開の大要

	学習活動・主な発問と予想される子どもの反応	指導上の留意点
導入	1　お米を使った料理を思い出す。 〇みなさんは，お米を使ったどんな料理が好きですか。 ・わかめご飯です。 ・チャーハンが好きです。 ・おにぎりです。 ・カレーライスが好きです。	・短時間で気持ちをほぐす発問をし，教材の内容への導入にする。
展開	2　「日本のお米，せかいのお米」を読んで話し合う。 〇お米が大昔に他の国から伝わってきたことや他の国でも食べられていることを知った「わたし」はどんなことを思ったでしょう。 ・日本だけで食べられているのではないのか。 ・他の国の料理も調べたり食べたりしてみたい。 〇「せかいのお米を使った料理」を見て，気づいたことや思ったことをワークシートに書きましょう。 ・お米を使ったデザートがあるなんて，びっくりした。 ・お米が，黄色くなる料理は，おいしいのかな。 ・ビビンバは知っていたけど，そんなに種類があるとは知らなかった。 ・どの料理も食べてみたい。 ・もっと調べてみたい。	・教材の内容についての発問を1つに絞り，後半に時間をかけられるように，短時間でまとめる。 ・教科書の写真を見るだけでなく，それぞれの料理について簡単な説明をしてから考えさせる。 ・熊手チャートを活用したワークシートに記入させることで6つの料理すべてに着目できるようにする。
終末	3　感想を書いて伝え合う。	・国による料理の違いに注目できたことをほめ，授業を終える。

（5）評価　他国のお米を使った料理に関心をもち，他国の文化に親しもうとする気持ちをもつことができたか。（ワークシート・発言）

❣ 授業の実際

❶教材のあらすじ

　お米が大昔に，他の国から伝わってきたことや他の国にはいろいろなお米を使った料理があることを家族に教えてもらった主人公「わたし」が様々なお米料理を調べる姿が描かれている短いお話です。お話の次のページには「パエリア」「ビビンバ」「フォー」等の世界のお米を使った料理が6品，写真で紹介されています。

❷導入

　お米を使った料理を思い出し，様々なものがあることに気づけるようにどんなお米料理が好きかを考えさせました。短時間でも，いろいろな種類の料理が出てきて日本のお米料理だけでも豊富にあることがわかります。そして，お米料理が子どもたちの身近なものであることもわかります。

❸展開

　教材の内容に関する発問は短時間ですませ，後半の世界のお米を使った料理（6種類）について考える時間を十分に確保しました。

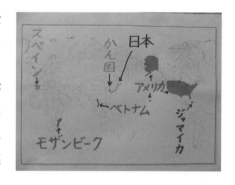

　6種類の料理については写真だけではなく，2年生が理解できるような簡単な言葉で説明した言葉も加え，わかりやすくしました。6種類の国は世界各地から選ばれているので，世界地図の中にその国の位置を示して，実物投影機とスクリーンを使って映しました。

┌─ ICT 活用のポイント ─┐

　料理の説明の中の国名と地図上での国名を同じ色で示し，すぐにわかるようにしました。日本からの距離が近い国も遠い国もあることを押さえながら，説明をしました。スクリーンは黒板の右側に設置して，料理と地図が近くで見られるようにしました。時間にゆとりがあれば，教科書にはない他のお米料理をICT機器を活用して見せることも有効です。

　6種類の国の料理の説明をした後で，気づいたことや思ったことをワークシートに書く時間をとりました。ワークシートは熊手チャートを活用し，6種類の料理それぞれについて記入するように指示しました。

　気づいたことでも不思議に思ったことでも自由に書いてよいことにし，6つの枠の中のどこから書いてもよいことにしました。

　早く書けた人には食べてみたい順位を考えさせて，理由も発表できるように考えさせました。

　書いた後，発表して考えを伝え合いました。お米から米粉をつくり，麺にして食べるフォーやデザートとして食べるムカバッタについて，驚いたという意見を書いている子どもが多くいました。また，ムカバッタと赤飯，ライスアンドピーズと豆ご飯は，見た目が日本の料理と似ていても食べ方や味が違うという気づきがありました。熊手チャートを用いずに6種類の料理を見て，思いついたことから話し合いをしたら，こ

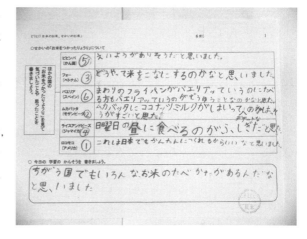

のような気づきは出なかったかもしれないと思いました。6種類の料理それぞれに着目することで，国によってお米の料理に違いがあることを子どもたちはよく理解することができました。

　また，お米からデザートができていると驚く子どもたちに，せんべいやお饅頭もお米からできていることを話すと，世界のお米の料理から逆に日本のお米を使った料理についてもさらに知ることになります。このような話し合いを通して，「もっと他のお米を使った料理を調べてみたい」とか「今度は，よその国のパンの食べ方について勉強してみたい」というような感想をもった子どももいました。また，授業後にビビンバやフォーを家族で食べたという報告も受けました。2年生なりに国際理解を深める授業になりました。

（坂本千代）

事例7

Google 画像検索を活用した授業

―きらきら（2年生）―
（出典：光村図書）

土田雄一の "ココ" がポイント！

　ICT の活用は教室内に留まるものではありません。検索機能とその特徴に留意しながら「美しいと感じるもの」について調べさせた実践は道徳授業に新たな幅をもたせました。これまでの教科書教材を活用した「感動，畏敬の念」の授業では，その感動を味わうことが限定的になりがちでした。1人1台端末を活用して，主体的にそれぞれの「美しいと感じるもの」を調べ，その理由や感動を共有しながら美しいものを大切にしようとする心を育む取り組みは秀逸です。子どもたちが美しいと思ったものをカテゴリーごとに分類整理することでわかりやすくなりました。「もっと探したい」「身近なところにある美しさを見つけたい」と思うようになる実践です。

❶考えるツール＆議論するツール＆ ICT の活用ポイント

　1人1台端末の環境でインターネット検索が可能になりました。そこで，「美しいと感じるもの」を互いに伝え合うために，「Google 画像検索」を活用しました。ここでポイントとなるのは，「美しいもの」や「きれいなもの」という言葉で検索をしないということです。なぜなら，そうしたキーワードではその子どもが感じた美しいものではなく，「AI」や「検索エンジン」が関連していると判断したものが表示されてしまうからです。このことを子どもに伝え，あくまで自分が「美しい」と思ったものをみんなに伝えるために検索するということを大切にしましょう。なお，本時で「今まで気づいていなかっただけで，身の回りには美しいものがたくさんありそう」ということに気づけた子どもが日常的な端末の持ち帰りを生かして，カメラで撮影して共有するようになる等，「感情の共有」の日常化を図ることも期待できます。

❷白熱した話し合いをつくるその他の工夫

　「きれいな夕日を見たことがあるよ」「この前，きれいなお花が咲いていたよ」と言われても，どんな夕日だったのか，どんなお花だったのかは，言葉だけではなかなか伝えられません。でも，「こんな感じだった！」と写真があれば，その感動を一緒に味わうことができます。このように，「わぁ，きれい」「こんなにきれいなものがあったのか」という交流の中で「美しいものを感じる目」を育てることができます。いろいろなペアでの交流を促し，できるだけ多くの感動の共有をさせるとよいでしょう。

🔵 本時の流れ

（1）主題名　しぜんのうつくしさ

（2）教材名　きらきら（出典：光村図書）

（3）ねらい　雪の結晶の写真と詩を通して，身の回りにあるものの美しさについて考えさせ，美しいものにふれて気持ちよさを感じたり感動したりする心を大切にしようとする心情を育てる。

（4）展開の大要

	学習活動・主な発問と予想される子どもの反応	指導上の留意点
導入	1　雪に対するイメージを語り合う。 2　教科書の「雪の結晶」を見て，気づいたことを語り合う。	・身の回りには美しいものがたくさんありそうだということに気づかせたい。
展開	○ほかにも「きれいだなぁ！」と思うものはありますか？ ・夕焼けがきれいだったよ。 （どんな夕焼けだったの？　→教師が夕焼けと検索） ○自分がきれいだなぁと思ったものをこのように調べて，お友達と伝え合おう。 3　共有した上で，問いを生み，みんなで考える。 ○どうして，きれいだなぁって思うのかな。 ・自然がつくり出した色。 ・人にはできない。 ・その一瞬しかない。	・ペア交流等を生かして，言葉で考えさせるとよい。 ・画像で伝えることのよさを教師がモデルとなって感じさせるとよい。 ・Google Jamboard の Google 画像検索を使うと共有しやすい。
終末	○今日の学びを振り返ろう。 ・今まで気づかなかったきれいなものにたくさん気づいた。もっと発見してみたいな。	・カメラを用いて発見を伝えるように声をかけると，日常化につながる。

（5）評価　自分がどんなものに美しさや不思議さを感じているか，自分を見つめている。
　　　　　友達の考えを聞いて，美しさや不思議さを感じるものは，人によって多様であることに気づくとともに，それらを感じとる目を大切にしようとしている。

🟣 授業の実際

❶教材のあらすじ

　雪の結晶の大きな写真と詩で構成されています。この教材に限らず,「感動,畏敬の念」の教材では,写真等で美しさやそれを見たときの感動を共有するものが多いです。これらを身近に感じることで自分事としていくために,画像検索したものを活用します。もしくは,事前に教材にふれ,週末や長期休業中に各自が撮影してきた画像で授業を展開する工夫も考えられます。

❷導入

　この教材は,「雪の結晶」の大きな写真が特徴です。「わぁ！　キレイだなぁ」「いろいろな結晶があるね」と見ただけでその美しさが言葉として表出される強みがあります。こうした声を存分に出させることが大切です。一方,雪といえば「雪合戦」や「雪だるま」というイメージがあり,「普段見えている『雪』」と「端末を使って拡大して見た『雪』」の違い（ずれ）を意識させやすい教材です。これが「美しいと感じる心」につながります。何気ない日常から美しさを見つける目,その一人ひとりの違いがその心に現れるのです。

❸展開

　「他にも『きれいだなぁ！』と思うものはありますか？」と問うと,その子らしい発言をたくさん聞くことができます。ここで大切なのは「見たことはない,ただのイメージ」ではなく,「実際に今まで見たことあるもので教えてほしい」と知識ではなく,経験を大切にすることです。「宝石がきれい」「ドレスがきれい」という知識的な「美しさ」ではなく,自ら感じた「美しさ」であることを「感動の共有」という面で特に大切にしましょう。

　ある程度意見が出た時点で,「○○さんの言っていたものって,この中ではどれに近い？」と教師が実際に画像を検索して示しながら問うことで,学び方のモデルとなります。

　この姿が「私もみんなに伝えたい！」と,学びの意欲にスイッチを入れることになるでしょう。

　各学校の環境に合わせて,画像を貼り付けて整理しやすいアプリを用います。本実践では Google Jamboard と Google 画像検索を活用して,画像の挿入や整理をさせました。

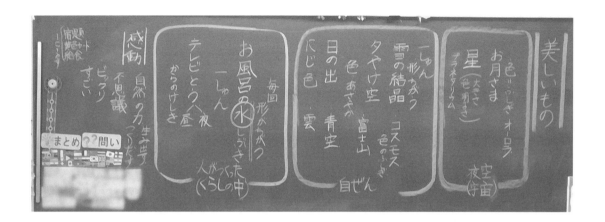

　画像の挿入後はカテゴリーで分けて整理をさせると，その後の交流がしやすくなります。隣の子の写真を見て「うわー！　それきれいだね」と自然と感動の共有が始まります。「今は調べる時間です！」と無理に止めず，主体的な学びの姿として受け止めたいところです。追求を促す伴走者としての役割を大切にしていきましょう。

　交流するのみであれば「きれいだった！」というだけで終わってしまいます。「なんで，きれいだと感じるんだろうね？」とあらためて問うことで，「たしかにどうしてだろう」と悩んだり，新たな発見が生まれたりします。自然が生み出すすごさ，またとない一瞬の偶然ということに気づいていくことで，「感動，畏敬の念」という道徳的価値の理解へとつなげることができます。

❹終末

　本時の学びを振り返ると，「今度，きれいな夕日を見てみたいな」「自分ももっといろいろ発見したい」という思いが高まります。この心のエネルギーを生かすために「もし見つけたらさ，カメラで撮ってきて見せてほしいなぁ」と一言つぶやくだけで，美しいと感じる心が育ち，そうしたものを発見できる目で身の回りを見ることができるようになるでしょう。

❺授業を終えて

　翌日「先生，これ見て！」と子どもが目を輝かせて写真をもってきたときに，「この写真もよいけど，それに気づいた君の心もきれいだね」と声をかけました。

　こうした子どもの姿に教師が感動することで学びの伴走者となることができます。さらに，その子どもが学びを深めていくエネルギーを与えることができるでしょう。

（安井政樹）

テキストマイニングを活用した授業

―いっしょになって，わらっちゃだめだ（4年生）―
（出典：東京書籍）

土田雄一の"ココ"がポイント！

　導入で「テキストマイニング」を活用し，「送りたい学校生活」についての子どもの考えを可視化して共有したのは効果的な動機づけになっています。教材を多面的・多角的に考えさせるためにオリンピックを想起させる「五輪」のワークシートを作成したアイデアがよいですね。さらに「余白」に自由に書き込めるスペースを位置付けたのがさすがです。友達の多様な意見を取り入れることができます。五輪の「平和」「友愛」の意味とも関連させ，「みんなが気持ちよく学校生活を送るには」という中心発問がぶれずに考えを深めることができた実践です。

❶考えるツール＆議論するツール＆ICTの活用ポイント

　考えるツールとして，五輪のマークのようなワークシートを作成しました。この五輪を活用し，5つの立場の視点から考えられるようにしました。「オリンピックのマークみたい」という子どもの発言から，5つの立場の考えと五輪の意味（平和，友愛）が中心発問につながり，共通意識をもって話し合うことができました。

　また，子どもの考えを共有するため「テキストマイニング」（無料版）を活用しました。「どんな学校生活を送りたいか」というアンケートの記述をテキストマイニングを活用することで，多くの子どもが書いた言葉が文字の大きさや色で可視化でき，学級全体の傾向を理解することができました。

❷白熱した話し合いをつくるその他の工夫

　コロナ禍でグループでの話し合いができなかったため，一人ひとりが発言できるように五輪のワークシートを活用して，考える視点を多くしました。登場人物に自我関与したり，自分の経験を生かしたりしながら様々な視点で考え，発表することができました。

　また，ワークシートに余白をつくり，友達の考えも自由に書き込めるようにしました。振り返りでは友達の考えを参考にして，さらに自分の考えを深め，発表することができました。

🔵 本時の流れ

（1）主題名　よく考えて行動する
（2）教材名　いっしょになって，わらっちゃだめだ（出典：東京書籍）
（3）ねらい　よく考えて行動し，節度ある生活をしようとする態度を育てる。
（4）展開の大要

	学習活動・主な発問と予想される子どもの反応	指導上の留意点
導入	1　よりよい学校生活についてアンケートをもとに話し合う。 ○「こんな学校生活を送りたい」という考えを共有しよう。 ・楽しい。　・優しい。　・いじめがない。 ・きまりを守る。　・勉強に集中できる。	・テキストマイニングを使用して子どもの考えを可視化する。
展開	2　教材文を範読し，問題場面を見いだす。 ○問題点について話し合おう。 ・ゆうじがサルの真似をしているのを見て，みんなで笑ったこと。 ・みのるにつられて，みんながからかったこと。 3　登場人物の考えについて話し合う。 ○からかわれたゆうじの気持ちを考えよう。 ・みんなに笑われるのは悲しい。 ・誰かに助けてほしい。 ○「ぼく」の気持ちの変化について考えよう。 ・何とか助けたい。自分1人では勇気が出ない。 　　　　　↓ ・ぼくだけでもゆうじ君の味方でいよう。 ○みのる，いっしょにわらった人，それを見ていた人についても，それぞれの気持ちを考える。 4　よりよい学校生活のために大切なことを話し合う。 ◎みんなが気持ちよく生活するには何が大切かを考える。 ・相手の気持ちを考える。 ・周りに流されないようにする。 ・やりすぎないようにする。 ・途中で止める。	・登場人物を先に紹介し，内容が理解しやすいようにする。 ・「ぼく」の弱さにも注目させ，自我関与して考えられるようにする。 ・五輪のワークシートを使用し，多面的・多角的に視野を広げられるようにする。 ・テキストマイニングや板書を生かして振り返るように促し，「よりよい学校生活」について考えさせる。
終末	5　学習の振り返りをする。 ○今日，学んだことを振り返ろう。 ・今までは周りに流されていたけれど，これからは自分で考えて行動する。 ・みんなが気持ちよく学校生活を送れるように，自分の行動を見直す。	・「今までの自分」と「これからの自分」について振り返りができるようにする。

（5）評価　自分自身の行動を振り返り，よく考えて行動することの意味やその大切さについて考えることができたか。（ワークシート・発言）

🎙 授業の実際

❶教材のあらすじ

　ゆうじをからかっていることをいじめではないかと父に指摘された「ぼく」が，自分のいじめに気づき，どうしたらよいのかと悩みながらも自分なりの行動に移すという内容です。

　子どもから自身の身の回りで起こりうる身近な問題として捉えられ，いじめ防止について考えさせるのに適した教材です。

❷導入

　事前に，子どもが日頃あまり意識していないと思われる「どんな学校生活を送りたいか」というアンケートをとりました。「テキストマイニング」に全員の記述を入力し，学級全体の傾向を可視化しました。この結果から，「楽しい」「明るい」学校生活を送るためには何が必要か，どういう課題があるかという補助発問  につなげることができました。また，画像を大型テレビに映しておき，展開や終末でも振り返ることで，ねらいに迫ることができました。

┌─ ￼**ICT 活用のポイント** ─┐

　テキストマイニングは多くの考えがキーワードで表示されるので，学級全体の傾向を早く理解することができます。また，キーワードの文字の大きさや色で多かった意見が可視化されて表示されるため見やすく，低学年でも使用できます。

❸展開

　子どもにとって嫌なことをされた経験は考えやすいため，1つ目の立場としてからかわれたゆうじの気持ちを考えました。ゆうじの気持ちについては「本当はいやだけど言えない」「なぜ，ぼくだけに言うの？」等，多くの意見がありました。2つ目の立場として主人公「ぼく」については，「注意しないといけないとわかっていても言えない」「何て言ったらいいのかわからない」から「何とか助けたい」「みんなで笑うのはよくない」という気持ちの変化を考えることができました。からかっていたみのる，いっしょに笑っていた人，見ていて何もしなかった人の3つの立場から気持ちを考える場面では，さらに視点が増えたことにより初めは戸惑いもありましたが，考えられる所から書けばよいことを助言するとそれぞれの立場で自分なりに考えをもつことができました。

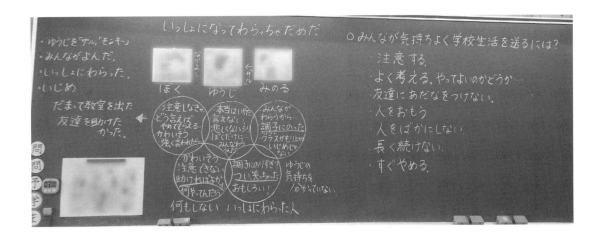

　そして，五輪の「平和」「友愛」という意味から主発問の「みんなが気持ちよく学校生活を送るには？」につながり，考えを深めることができました。自分が今までどの立場にいたのか，同じような場面でどのような行動をとっていたのかを振り返ることにより，自分がこれからどうしたいかということに意識をつなげることができました。

┌─ **ツール活用のポイント** ─────────────────────────────┐

　五輪のワークシートで視覚化することにより，子どもは５つの視点（立場）を理解しやすくなります。「つながりがわかりやすかった」という感想がありました。

　また，より多面的・多角的に考えることができ，最後に共通点（重なり）を見いだしていくという方法でも活用できます。

└──┘

❹終末

　子どもの振り返りでは，「やってよいのかよく考える」「その先のことまでよく考える」等，ねらいに迫った考えをもつことができていました。また，学級の合言葉「よく考え，すぐ行動」に気づく子どももいたため，自分の生活と結び付けてさらに意識を高めることができました。

❺授業を終えて

　４年生の子どもにとって５つの立場を考えるということは難しいと思っていましたが，板書をする際，１つずつ円を増やしたので子どもから５つの立場を引き出すことができました。自分の経験を生かして考えたり，友達の考えを聞いたりしながら，自分が経験していない立場の気持ちも理解することができました。それにより，集団の中での節度，節制について考えることができました。今後の課題は書く量が増えるので，パソコンで入力ができるワークシートにしてより多くの考えを共有できるようにすることです。

（宇野あずさ）

事例 9

心情曲線・スケーリングを活用した授業

―花丸手帳～水泳・池江璃花子選手（4年生）―
（出典：東京書籍）

土田雄一の"ココ"がポイント！

　池江選手の気持ちの変化を視覚的にわかりやすくするため，心情曲線を効果的に活用しています。病気になる前の活躍の様子を写真で確認し，当時の状況がイメージしづらい子どもたちにも共有することができました。さらに，その後の白血病発症の様子や東京2020オリンピックへの出場までの様子を見せるため，追加教材として動画を活用している点がよいですね。タイムリーな情報で教科書教材を補い，深い学びにつなげています。板書の心情曲線からも子どもたちがどのように受け取ったか伝わってきます。池江選手の立ち直る力は感動的です。最後にペアワークで言語化し，お互いの考えを認め合う場の設定をすることでそれぞれの学びを深めているのもよいですね。

❶考えるツール＆議論するツール＆ICTの活用ポイント

　登場人物の心情の変化が視覚的に理解できるように，板書で心情曲線を活用します。心情曲線の縦軸は主人公の心の動きをプラス（快，うれしい，楽しい）とマイナス（不快，悲しい，嫌だ）で表し，横軸は時間の経過を表します。主人公の心の動きやその要因について話し合い，子どもと一緒に心情曲線をつくることで，子どもたちは主人公の心情について深く理解し，共感することができます。

　振り返りでは，自分の気持ちを見つめ，視覚化するツールとして，スケーリング「心の温度計」を活用します。自分の気持ちを文章で表現することが苦手な子どもも，温度計の図に色をつけることで気持ちを表現し，友達と共有することができます。ICTの活用として，読み物教材以外にも関連する写真や動画を大型テレビで提示します。写真や動画を活用することで，子どもたちは登場人物や場面の様子を具体的に理解することができます。また，教材の内容がより子どもたちの心に残ります。

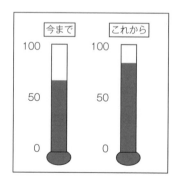

❷白熱した話し合いをつくるその他の工夫

　振り返りでは主人公と自分を比較し，自分を否定的に捉えて終わらないように，「今までにできていること」や「これから頑張りたいこと」を考えるように助言します。また，振り返りをペアで共有し，お互いに認め合うことで自信や前向きな気持ちがもてるようにします。

● 本時の流れ

（1）主題名　目標に向かって
（2）教材名　花丸手帳〜水泳・池江璃花子選手（出典：東京書籍）
（3）ねらい　目標に向かってあきらめずに努力する大切さについて考えることを通して，自分で決めた
　　　　　　目標に向かって，強い意志をもち，粘り強く取り組もうとする態度を養う。
（4）展開の大要

	学習活動・主な発問と予想される子どもの反応	指導上の留意点
導入	1　池江選手の写真を見て話し合う。 ○池江選手について知っていることはありますか。 ・病気になったけれど東京オリンピックに出ていた。	・テレビに池江選手の写真を提示し，教材への関心を高める。
展開	2　教材「花丸手帳〜水泳・池江璃花子選手」を読んで話し合う。 ○池江選手は思うような結果が出なかったり，病気になったりしたときに何を考えたでしょう。 ・目標をあきらめたくない。もう一度努力しよう。 ・せっかく今まで頑張ってきたのに。悲しい。 3　池江選手の動画を視聴して話し合う。 ○東京オリンピックに出た池江選手はどんな気持ちだったでしょう。 ・あきらめないで努力すれば目標は達成できる。 ・支えてくれた人たちに感謝している。 ○池江選手がつらいときを乗り越えて前へ進めたのはどうしてでしょう。 ・強い気持ちをもってあきらめなかったから。 ・目標をもって努力し，一つひとつクリアしていったから。 ・いろいろな人が支えてくれたから。	・池江選手が小学生のときに目標を書いた手帳の写真を提示し，池江選手の取り組みが具体的に伝わるようにする。 ・心情曲線を活用し，池江選手の逆境の時期や心情の変化を理解できるようにする。 ・病気後も目標に向かって進む池江選手の取り組みや，心情について，動画を通して理解を深められるようにする。 ・池江選手が逆境を乗り越えられた要因を「心」「取り組み」「人の支え」で分類して板書し，子どもの意見を整理する。
終末	4　本時の学習を振り返る。 ○今までやこれからの自分について考えましょう。 ・自分も池江選手みたいに目標を立てて努力したい。	・スケーリングで可視化した思いをペアで認め合うことで，道徳的実践意欲を高める。

（5）評価　目標に向かってあきらめずに努力することについて，自分と関連付けながら考えを深めていたか。（ワークシートの記述・発言等）

授業の実際

❶教材のあらすじ

　水泳の池江選手は，小学校３年生で全国３位になった後，記録が伸びなくて苦しい時期が続きました。ですが，気持ちを切り替える大切さに気づき，何年間も練習に励み，中学校３年生のときには日本新記録を出しました。また，リオデジャネイロオリンピックでも自分の目標を超える活躍をしました。池江選手は小さい頃から目標を手帳に書き込み，達成できれば花丸をつけています。東京オリンピックやその先を見つめながら池江選手の挑戦は続いています。

❷導入

　授業の導入では，2018年のアジア大会で池江選手が８個のメダルを持っている写真を大型テレビで提示しました。池江選手の写真を見ることで，池江選手のことをあまり知らない子どもたちも「１人で８個もメダルをとっていてすごい！」と，池江選手への関心を高めていました。

❸展開

　教材文を読みながら，池江選手についてどう思うか尋ねました。子どもたちは，「毎日3000m泳いで宿題もやるなんてすごい」と，自分と近い年齢のときの池江選手の水泳への取り組み方に驚いていました。また，池江選手が小学生のときに目標を書いた手帳の写真を提示すると「目標があるとやることがはっきりし，より頑張ることができる」と，目標をもつことの大切さについても考えていました。教材文の内容に加えて，池江選手は９才，15才，17才と記録が伸び悩む時期を乗り越えて結果を出したことを伝え，子どもと一緒に心情曲線を考えて描きました。

> **ツール活用のポイント**
>
> 　心情曲線をもとに，「主人公はどのときが１番うれしかった・悲しかったと思うか（場面ごとの心情比較）」「主人公の気持ちが変わっていったのはどうしてだろうか（変化の要因）」のような発問をすることで，子どもは主人公の心情について深く考えることができます。

　目標の東京オリンピックに向けて着実に記録を伸ばし，周囲から期待されてきた池江選手。しかし，2019年に白血病で入院するという出来事があったことを子どもたちに伝え，池江選手の気持ちについて問いかけました。子どもたちは，「もう水泳ができなかったらどうしよう」「あきらめたくない。またやり直して上へいきたい」と，大きな困難にぶつかった池江選手の気持ちを真剣に考えていました。その後，池江選手が白血病を乗り越え，東京オリンピックに

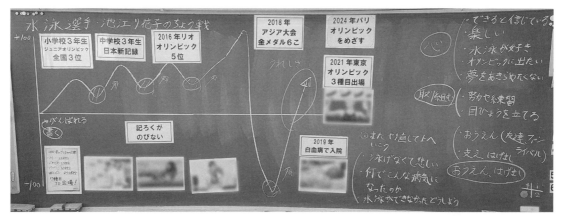

出場するまでの様子を写真や動画で子どもたちに見せて心情曲線を描き足しました。

ICT 活用のポイント

　動画は，授業時間や子どもの実態を考慮し，必要な場面にしぼって提示します。また，編集ソフトを活用し，動画にテロップや音楽等を入れると子どもの心に響きます。

　池江選手は何度も困難を乗り越えてきたが，どのときに1番喜びを感じていたと思うか問いかけると，子どもは「東京オリンピックに出場したとき。つらいことが大きいほど，それを乗り越えたときはうれしい」と話していました。そして，池江選手が困難を乗り越えて前へ進めた要因についてワークシートに書かせて話し合いました。子どもの意見を「心」「取り組み」「人の支え」で分類しながら板書し，全体で共有しました。様々な意見が出た後に「どの意見に1番納得するか」「どれが1番大切だと思うか」という発問で一人ひとりの考えを深めました。

❹終末

　終末では，「今までに目標を達成して感じた気持ち」と「これから目標を達成したい気持ち」を見つめ，ワークシートの「心の温度計」に色をつけるようにしました。そして，ペアで考えを共有して認め合う場を設けました。子どもたちは「池江選手はどんなに苦しいことがあっても前向きな気持ちで乗り越えていった。自分も池江選手のように，つらいことがあっても乗り越え，自分の目標を達成したい！」というように，困難を乗り越えて前へ進み続ける池江選手の姿に感動し，自分の生き方について真剣に考えていました。

❺授業を終えて

　授業後，体育や総合的な学習の時間等，様々な学習で目標を立てて取り組み，達成感を味わったり，自分の成長を喜んだりする子どもの姿がたくさん見られました。　　　　　　　　（宮澤長）

事例 10

スケールを活用した授業

―絵はがきと切手（4年生）―
（出典：日本文教出版）

土田雄一の "ココ" がポイント！

　SKYMENUの「ポジショニング」は「スケール」と同様の機能をもっています。自分の考えをポジショニングするだけでなく，他の人たちの考えも共有できるのがよいですね。これまで黒板にネームプレートを貼って意見表明をしていましたが，その時間が短縮され，視覚的にもわかりやすくなります。そして，ペアや全体での話し合いの時間を十分確保したり，問い返しで考えを深めさせたりしているのもポイントです。そして，もう一度，ポジショニングを活用して考えの変容をたしかめています。考えが変わらなくてもその理由がより深くなる実践です。ねらいを見失わず，最後に「友情」について一般化しているのもよいですね。

❶考えるツール＆議論するツール＆ICTの活用ポイント

　葛藤する登場人物の心情や行為の善し悪し等，二項対立になる場面で自分の考えを表明したり，問題解決に向けて話し合ったりするときにスケール表を活用します。スケール表は2つの事柄を両端に位置付け，自分の考えがどの位置にあるのかを決め，表に印を付けます。表の端だけでなく，端と真ん中の間にも印を付けることで考え方の微妙なゆれを表現することができます。今回の学習ではワークシートのスケール表に自分の考えを示した後，1人1台端末のSKYMENU Class機能の「ポジショニング」を活用して全員の考えを共有します。ポジショニングはスケール表にマーカーを自由に配置して自分の考えを示すことができる機能です。全員のマーカーの位置を表示し，お互いの考えを共有できます。考えが変わったときには，何度でもマーカーを再配置することができ，マーカーが移動した軌跡を表示することもできます。子どもが自分や友達の考えはどのような過程で変化したのか振り返ったり，教師が全員の考えの変化を把握したりすることにつながります。

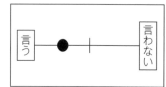

❷白熱した話し合いをつくるその他の工夫

　1人1台端末のSKYMENU Class機能を活用することで，一目で他者の考えがわかるようになります。しかし，双方向のやりとりの「対話」にするためには，直接話し合うことが必要です。そこで，1人1台端末で入力した自分の考えについてペアや全体で話す場面を設けます。1人1台端末は対話のきっかけとして活用することが大切です。

🍡 本時の流れ

（1）主題名　友達のことを考えて
（2）教材名　絵はがきと切手（出典：日本文教出版）
（3）ねらい　友達からの絵はがきが料金不足だったことを知らせるか悩む主人公の気持ちを考えること
　　　　　　を通して，友達の立場に立って関わろうとする判断力を養う。
（4）展開の大要

	学習活動・主な発問と予想される子どもの反応	指導上の留意点
導入	1　友達のためにとった行動について話し合う。 ○友達のために何か行動をしたことがありますか。 ・宿題がわからない友達に教えてあげた。	・友達のためにとった行動について尋ね，友情に関連する自分の体験を想起させる。
展開	2　教材「絵はがきと切手」を読んで話し合う。 ○正子から手紙をもらったひろ子はどんな気持ちだったでしょう。 ・絵はがきをもらって嬉しい。お礼の手紙を書きたい。 3　葛藤するひろ子の心情や行動についてスケール表を使って話し合う。 ○あなたがひろ子ならどのようなことを考えますか。 ・料金不足を言うと正子を傷つけてしまう。 ・正子が他の人にも同じ失敗をしてしまうから料金不足のことを伝える。 ○正子はどうしてほしいと思いますか。 ・料金不足だと教えてほしいし，ひろ子に謝りたい。 ○友達と関わるときに大切なこととは何でしょう。 ・友達の気持ちをよく考えて行動する。 ・友達のために「間違っている」と教えることも大切。	・教材文を区切って読んだり，場面絵を活用したりすることで，ひろ子の状況や気持ちを理解できるようにする。 ・ワークシートとポジショニングのスケール表を活用して自分の立場や考えを表現できるようにする。（一次判断） ・ひろ子のどの行動にも共通している正子への思いや正子の気持ち等を問いかけ，多面的に考えることを促す。 ・ポジショニングを活用して考えの変容やその理由を共有する。（二次判断）
終末	4　本時の学習を振り返る。 ○今までやこれからの友達との関わり方について考えましょう。 ・これからは友達がどうしてほしいかを考えて関わる。	・振り返りの内容をペアで共有し，認め合う場を設けることで，一人ひとりの道徳的実践意欲を高める。

（5）評価　友達とのよりよい関わり方について，様々な立場から考えようとしていたか。（ワークシートの記述・発言等）

💭 授業の実際

❶教材のあらすじ

　転校した仲良しの正子からひろ子のもとに絵はがきが届きました。しかし，その絵はがきは郵便料金が不足していました。「お礼だけ伝えた方がよい」という母と「郵便料金の不足も伝えた方がよい」という兄の話を聞いて，ひろ子はどうしようか迷ってしまいました。

❷導入

　導入では今まで友達のためにしたことを問いかけ，友情に関連する自分の体験を想起させました。それぞれの子どもの行動や友達への思いを認めた上で，今回の学習では「よりよい友達との関係や関わり方」について考えていくということを確認しました。

❸展開

　ひろ子の状況について整理しながら教材を読み進め，正子から絵はがきをもらって喜ぶひろ子の気持ちについて話し合いました。そして，ひろ子は正子へ「お礼だけを言う」か「郵便料金の不足も伝える」かで迷っていることを確認し，自分の考えをワークシートのスケール表に記入し，1人1台端末のポジショニングで示し，ペアで考えを伝え合うようにしました。その後，大型テレビで全員のポジショニングのマーカーの位置を映してクラス全体で話し合いました（写真1）。

　まず，「お礼だけを言う」という気持ちが強い子どもの意見を聞くと，「料金不足を伝えて正子を嫌な気持ちにさせたくない」「親友だから不足料金を払ってもよい」等の発言がありました。それに対して，「料金不足も伝える」という気持ちが強い子どもたちは，「料金不足を言わないと，正子が他の人にも同じことをしてしまう」「親友だからこそ伝えるべき」ということを話していました。スケール表の端と真ん中の間の位置にマーカーを置いた子どもたちにも考えを聞くと，両方の意見に納得しつつも，行動の決断に迷う思いを話していました。ひろ子のどの考え方にも「親友の正子への思い」があることを確認し，「正子だったらどうしてほしいのか」という立場を変えて考えるための問いかけをしました。子どもたちは，「正直に料金不足を言ってほしい。これからに生かせる」「他の人に迷惑をかけたくない」と正子の気持ちを考えていました。ここで再度自分の考えを見つめ，考えが変わったらポジショニングのマーカーの位置を変えるように伝えました。教師の端末で考えが変わった子どもを確認し（写真2），考えが変わった理由を尋

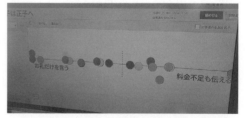

写真1　ポジショニングで全員の考えを映す

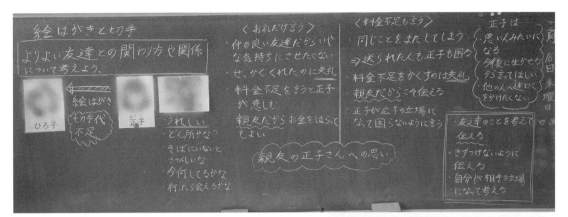

ねると，「最初はお礼だけを言おうという気持ちが強かったけれど，正子さんのためになることを考えたら，料金不足も伝えようと思った」と話していました（写真2 ①→②）。話し合いを通して，親友としての友達との関わり方について，考えを深めた子どもが多くいました。最後に，「友達と関わるときに大切なこととは何か」という発問から，友情の価値について一般化して話し合いました。

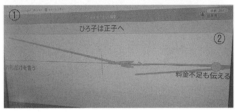

写真2 ポジショニングで考えの変容を映す

┌─ ICT活用のポイント ─┐

　1人1台端末を使う場面と話し合う場面を明確にし，子どもが話し合いに集中できるようにマーカーを移動する回数や時間を決めるとよいです。（マーカー操作ロック機能あり）

┌─ ツール活用のポイント ─┐

　スケール表をもとに全員の考え（一次判断）を共有した後，考えが変わったらスケール表で示し（二次判断），考えが変わった理由を話し合うことで議論が深まります。

❹終末

　子どもたちは今までやこれからの友達との関わり方について考え，「友達のためにすることが，友達にとって必要なのか，相手の立場に立って考えたいです」と話していました。

❺授業を終えて

　スケール表のようなツールを活用することで，子どもたちは自分の中にある思いを見つめ，友達に考えをわかりやすく伝えることができます。道徳の授業をきっかけに，様々な場面で自分の考えや気持ちを友達に伝える子どもの姿がたくさん見られるようになりました。

（宮澤長）

事例 11

同心円チャートを活用した授業

―「もっこ」をせおって（4年生）―
（出典：東京書籍）

諸富祥彦の "ココ" がポイント！

　この授業では，「働くことの意義や人の役に立つ喜び」について「同心円チャート」を使って考えさせています。この場合，通例ではまず同心円の中央にある「自分のこと」を考えさせ，次に「家族」「地域」「国」と，次第に外側に向かって思考を広げていくようにします（思考の拡張）。自分や家族といった小さなことが，地域や国のことと「つながっている」ことに気づかせるためです。

　この授業では「逆回転」させる工夫をしています。最初に「国や地域」にできることを考えさせた上で，次第に中心部分（自分）へと迫っていく方法をとっています。それによって「小学生である自分にもできることはある。それは何か？」と，自分事として考えさせることに成功しています。

❶考えるツール＆議論するツール＆ ICT の活用ポイント

　同心円チャートは中央の円から外側に向かって思考を広げるチャートですが，今回は外側から「国や県にできること」「市や町にできること」「自分にできること」の順で内側に向かって考えさせるようにしました。社会科や国語科の学習を生かして，広い社会から身近な社会の役割を理解した上で，「自分にできること」を考えました。最後に，この3つの視点から「どのような思いでそのような行動をしているのだろうか」と問いかけ，働くことの意義や人の役に立つ喜びを考えることができました。タブレットで操作できる同心円チャートのワークシート（右）を作成したことで，子どもは考えをすぐに書き込んだり，自由に動かしたりして，それぞれの円の関係を見やすくしながら思考を整理していました。

❷白熱した話し合いをつくるその他の工夫

　ワークシートを共有する際，ワークシートの数が多いと見づらいため，意見の交流はタブレットを見せ合う形で行いました。友達の考えを見て自分のワークシートに書き込んだり，友達の考えから自分が考えたことを追記したりしていました。全体の話し合いでは教師側は子どもの考えを一覧で把握できるので，発言に消極的な子どもにも意図的に指名をして活発な話し合いができました。まだ操作の獲得が不十分な子どもも多いため入力に時間差が生じることもありましたが，今後はグループでの意見交流にもタブレットを活用していきたいと考えています。

本時の流れ

（1）主題名　みんなの役に立つ喜び
（2）教材名　「もっこ」をせおって（出典：東京書籍）
（3）ねらい　働くことのよさに気づき，進んで人のために働こうとする態度を育てる。
（4）展開の大要

	学習活動・主な発問と予想される子どもの反応	指導上の留意点
導入	1　「東日本大震災」について知る。 ○東日本大震災について知っていますか。 ・すごい大きな地震で多くの人が亡くなった。 ・津波がきて，建物が壊れた。 ・今も仮設住宅に住んでいる人がいる。	・写真を使用し，自分の地域の特徴（海沿い）と関連付けて考えられるようにする。
展開	2　教材文を範読し，登場人物の思いについて話し合う。 ○2人はなぜ，重い荷物をせおい続けたのだろうか。 ・優しくしてくれたみんなの役に立ちたい。 ・おばあさんの笑顔が見られてうれしい。 3　同心円チャートを使用し，災害が起きた時，自分たちには何ができるか考える。 ○「国や県」「市や町」の取り組みについて意見を共有する。 ・自衛隊の派遣。　・消防隊の派遣。　・支援物資を送る。 ◎災害が起きたとき，自分たちには何ができるだろうか。 ・募金をする。　・支援物資を送る。 ・避難所で小さい子と遊ぶ。 4　「働くとはどういうことか」について話し合う。 ○それぞれの立場はあるが，どのような思いで働いているのだろうか。 ・人を助けたい。　・役に立ちたい。 ・人を喜ばせたい。	・登場人物の人との関わりにも着目して考えられるようにする。 ・災害にあった人の状況や思いにもふれた上で考えられるようにする。 ・外側から「国や県」「市や町」の順に記入させる ・社会科や国語科の学習を振り返りながら考えられるようにする。 ・外側の2つの円と比較しながら，自分の役割は何かを考えられるように声かけをする。 ・教材について話し合ったことや同心円チャートを生かして考えられるように助言する。
終末	5　学習の振り返りをする。 ○今日，学んだことを振り返ろう。 ・人の役に立ったり，人に喜んでもらえたりすることを考えて自分にできることをする。	・「これからの自分」について振り返りができるようにする。

（5）評価　自分自身を振り返り，みんなのために働く喜びやよさについて考えることができたか。（ワークシート・発言）

❦ 授業の実際

❶教材のあらすじ

　岩手県宮古市に引っ越した姉妹が東日本大震災のときに地域の人々に食べ物等を配り続けた実話がもとになっています。姉妹が地域に親近感をもつきっかけになる出来事や苦しくても頑張り続けるもとになった言葉，最後の日にぼろぼろになった「もっこ」を見る姿等が描かれています。姉妹に自我関与し，進んで働こうとするときの思いを話し合い，「何のために働くのか」ということを考えさせたい教材です。

❷導入

　「東日本大震災」について，黙とうをした経験やニュース等を見て知っていることを聞きました。また，津波による被害の写真を掲示し，被害の大きさを少しでも感じられるようにしました。海沿いにある本校の子どもは津波についての意識は高い方ですが，被害状況に衝撃を受けていました。また，本教材の学校の位置が本校に似ていることを知らせると，自分事として捉え，教材への意識を高めることができました。

❸展開

　導入で「東日本大震災」の被害について知ったことで，登場人物の姉妹の行動や気持ちに自我関与して考えることができました。2人がもっていた荷物が自分たちの体重に近いこと，3か月という長い間続けたこと等にふれて考えさせることで，自分がつらくても「頑張ることで喜んでくれる人がいる」「自分にもできることがある」「やり続けたことが自信につながる」等の考えをもつことができました。

　そして，同心円チャートにタブレットからキーワードを打ち込みました（タブレットで書き込めるワークシートを作成し，キーワードを自由に動かせるようにしました）。社会科や国語科の学習を振り返りながら，外側の円（国や県）から順次，内側の円（市や町，自分）へと考えていくようにし，それぞれの役割について共通理解を図り，視点を広げられるようにしました。

┌─ **ICT活用のポイント** ─┐

　タブレット上のワークシートに書き込ませることで，教師は一人ひとりの考えを一度に把握することができます。指名計画や机間指導の時間短縮ができました。

　また，発表している子どもはキーワードを動かして思考を整理したり，その場で追記したりしながら説明ができました。

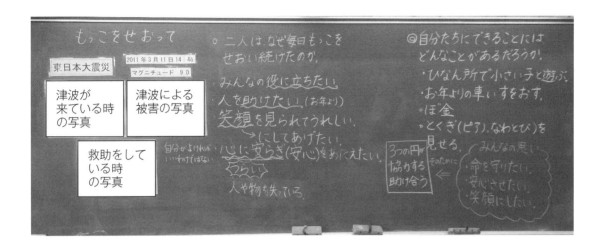

　同心円チャートを見ながら，「自衛隊や消防隊の派遣」「支援物資を送る」等は国や地域で行っていることを理解し，中心の「小学生の自分にできることは何か」を考え，話し合いました。友達とタブレットを見せ合いながら意見交換をする中で，「避難所で特技のピアノを演奏する」「面白い話をして和ませる」等，具体的な意見を知り，新たな考えをもつ子どももいました。

　また，「どのような思いで働いているのだろう」という問いには，「命を大切にしたい」と自分の思いも含めて考えました。話し合いの場面では，ワークシートを大型テレビ（右）で共有し，子どもは3つの円の関係から「協力して命を助ける」ことが必要であることを理解することができました。

ツール活用のポイント

　「社会」「地域」「自分」にできることを同心円チャートにすることで可視化し，関係性を考えながら自己を見つめる場面へと思考を促すことができます。

---

❹終末

　終末では「人の役に立ちたい」「人を助けたい」等，「働くこと」は自分のためだけではないことに子どもたちは気づくことができました。

❺授業を終えて

　子どものワークシートを板書の代わりとして活用することもできました。初めて同心円チャートを経験した子どもも「とてもわかりやすかった」という感想をもつことができ，思考ツールのよさをあらためて感じることができました。今後は時間の変化や自分の目標への取り組み方等，視点を変えて同心円チャートを活用してみたいと思います。

（宇野あずさ）

事例 12

ランキングを活用した授業

―浮世絵―海をわたったジャパン・ブルー――（４年生）―
（出典：日本文教出版）

諸富祥彦の "ココ" がポイント！

　この授業では，xSync Classroom（バイシンククラスルーム）というツールを活用することで，グループで話し合ったランキングを，クラス全体で共有することに成功しています。子どもたちは「ランキング」が大好き。「伝統・文化」にしてはめずらしく，白熱した授業になり，他の子にアピールしたり，説得したりする子どもも出ていたようです。このタイプの授業で気をつけたいのは，「どの日本文化を伝えたいか」は，本来，人の好き好きであってよいはずのものであること（相対性の原理）。「グループでのランキングを決める」という作業には馴染まないテーマなのです。そのため，多数決や声の大きさでランキングを決めることになりがちである点には注意したいです。

❶考えるツール＆議論するツール＆ ICT の活用ポイント

　本授業では教材を学習活動への「導入」として活用し，それから「自分が大切に思う日本の文化」についてツール（ランキング）を活用して考えるようにしました。理由をもとに日本の文化をランキング付けすることで，これまでの自分自身の体験からいろいろな日本の文化のよさについて見つめ直すことができます。

① 「伝えたいランキング」を付けましょう。

伝えたい！　〔理由〕

1
2　2
3　3　3
4　4
5

　そして，そのランキングは xSync Classroom（バイシンククラスルーム）を活用し，電子黒板で視覚的に共有することができます。

❷白熱した話し合いをつくるその他の工夫

　個々にワークシートでランキング付けをしてから「世界の人たちに伝えたい日本の文化を３つ決めましょう」と話し，小グループ（３人程度）での話し合い活動を行いました。このときに「お互いの合意の上で３つ決める」というルール設定をし，お互いが「どうしてその日本の文化を伝えたいのか」を話し合います。正解はないので，「私はこれを伝えたい！」と主張する子もいる等，とても白熱した話し合いになりました。その後，ICT を活用して全体でグループごとの考えを共有することを通して，日本の文化についてより多面的に考えることができました。

● 本時の流れ

（1）主題名　大切にしたい日本の文化
（2）教材名　浮世絵−海をわたったジャパン・ブルー−（出典：日本文教出版）
（3）ねらい　外国の人に伝えたい日本の文化について考えることから，いろいろな日本の文化のよさを見つめ直し，我が国の文化に親しもうとする態度を育てる。
（4）展開の大要

	学習活動・主な発問と予想される子どもの反応	指導上の留意点
導入	1　教材に対する方向付けをする。 ○浮世絵について，知っていることはありますか。 ・日本の昔の絵。 ・切手で見たことがある。	・浮世絵を見せることで，教材への関心を高められるようにする。
展開	2　教材「浮世絵」を読み，話し合う。 ○日本の文化の1つ，「浮世絵」が今も世界中で人々に感動をあたえていることについてどう思いますか。 ・うれしい。　・日本人として誇らしい。 ○日本が世界に伝えられそうな文化は他にどんなものがあると思いますか。 ・お寿司。　・着物。　・竹馬。　・納豆。 ・習字。　・武道等。 3　自分が大切に思う日本の文化を考える。 ○あなたが世界の人たちに伝えたいと思う「日本の文化」は何ですか。（一次判断） ・おせち料理。　・お城。　・日本のアニメ。　・和菓子等。 ○グループで話し合い，世界の人たちに伝えようと思う日本の文化を3つ決めましょう。 4　日本の文化のよさについて考えを深める。 ◎あなたが世界の人たちに伝えたいと思う「日本の文化」は何ですか。（二次判断）	・教材から，日本の文化を誇る気持ちを高められるようにする。 ・日本の文化を複数例示し，子どもの知識を増やせるようにする。 ・理由をもとにランキング付けすることにより考えを整理できるようにする。 ・議論を通して考えを広げられるようにする。考えを広げた上で自己決定できるようにする。
終末	5　学習を振り返って，本時の感想を書く。	・振り返りを共有して，授業を終える。

（5）評価　伝えたい日本の文化を考えたり，友達の考えを聞いたりして，日本の文化を大切にしたいと思う気持ちを高めることができたか。（ワークシート・発言）

授業の実際

❶教材のあらすじ

　江戸時代の浮世絵師である歌川広重や木版画の制作過程，江戸時代における浮世絵の国内外での評価について紹介した教材です。江戸時代には多くの民衆に身近に愛された浮世絵ですが，その身近さのあまり，重要な芸術作品として扱われることは少なく，海外への伝わり方も芸術作品としてではありませんでした。それでも，浮世絵は世界を代表する画家であるゴッホを始めとする海外の人々の目に留まり，今も世界中の人を魅了していることを紹介しています。

❷導入

　電子黒板に教科書にも掲載されている「浮世絵」を映し，子どもたちの興味・関心を引くところから授業を始めました。子どもたちは「見たことがある」，「きれいな色だ」等と思ったことをつぶやいたり話し合ったりしていました。「浮世絵」と呼ばれる絵であることを話し，これから読む教材への関心を高めた上で，教材の読み聞かせを行いました。

❸展開

　教材を読んだ後，「日本の文化の1つである浮世絵が今も世界中で人々に感動をあたえていることについて，どう思いますか？」と聞くと，子どもたちは「日本の文化が世界の人に認められることはうれしい」「日本人の誇り！」等と答えました。そのような発言を受け，「世界に伝えられそうな日本の文化は他にもありますか？」と聞くと，数名の子どもは「お寿司」「着物」「竹馬」等の慣れ親しみのある文化を挙げました。しかし，多くの子どもは「日本の文化って何があるのかわからない」と答えたため，「アニメ」等，事前にリストアップしていた日本の文化を子どもたちに紹介しました。子どもたちは「それも日本の文化か！」と，日本の文化についての知識を増やすことができました。日本の文化にどんなものがあるのかわかったところで，「世界の人たちに伝えたいと思う日本の文化は何ですか？」と発問し，伝えたい日本の文化のランキング付けをさせました。

ツール活用のポイント

　ランキングには個性が表れます。「なぜ，その日本の文化を伝えたいのか」を考えることから子どもたちはその日本の文化とのこれまでの関わりや体験について振り返ります。そして，話し合いの際に，個々の個性の表れたランキングを見合ったり，そのランキング付けの理由について話し合ったりすると，子どもたちは楽しく議論をすることができます。

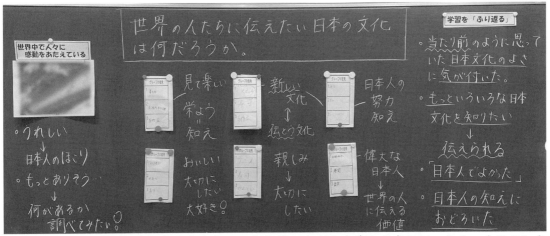

子どもたちは「どれを伝えようかな……」と迷いながらも楽しそうにワークシートにランキング付けをしていました。個人のランキング付けの後，3人程の小グループをつくり，「世界の人たちに伝えたいランキングベスト3」を決めました。ルールとして「話し合って，お互いの合意のもとで3つに決めましょう」と伝えました。そのルールのために，子どもたちは自分がランキング上位に付けた日本の文化のよさを同じグループの友達にアピールしていました。グループ合意のもとで決めた「伝えたいランキングベスト3」をグループ用ワークシートにまとめさせ，それを全体で共有するために xSync Classroom（バイシンククラスルーム）を活用しました。

─┤ **ICT活用のポイント** ├─

　グループごとに1人1台端末を使って自分のグループのワークシートを撮影させ，その写真をアプリを活用して大型電子黒板に映しました。大型電子黒板上で拡大して示したり，ペンで印や言葉を書いたりしながら全体で話し合うことで，それぞれのグループの考える「伝えたい日本の文化」について，考えを共有しやすくなりました。

　子どもたちは授業を振り返り，「アニメ」（新しい文化）や「着物」（伝統的文化）等と日本の文化についてあらためて自分が大切にしたいものを考えていました。最初と考えが変わった子どもも見られました。

❺授業を終えて

「我が国の文化に親しむ」というと，なかなか敷居の高い学習のように感じがちですが，本授業では思考ツール（ランキング）を使うことでこれまでの日本の文化との関わりについて楽しく振り返ることができました。また，ICT（xSync Classroom と電子黒板）を活用することで，学級全体でグループごとの多様な考えを共有することができました。　　　　　　　　　　　（串田篤則）

PMI シートを活用した授業

―アップするの？（５年生）―
（出典：学研）

土田雄一の"ココ"がポイント！

　情報機器を効果的に活用しながら「情報モラル」について考えを深めた実践です。まず，教材文を「事前読み」し，考えをもたせた上での授業（反転学習）がよいです。導入で「情報モラル」に関する事前アンケート結果を大型画面に提示し，本時の課題意識を共有しています。そして，教材をP（よいところ），M（よくないところ），I（気になること）の３点について考えを整理したアプローチが新鮮です。さらに全員の意見を可視化するために，端末で共同編集をしています。その上で話し合いの時間を確保しながら，「情報発信をする上で大切なこと」について考えを深めたのがよいですね。画面がスクロールで消える弱点をホワイトボードに書き残してカバーしています。

❶考えるツール＆議論するツール＆ ICT の活用ポイント

　子どもたちに，物事を多面的に捉えさせるために「PMI シート」を活用しました。P（プラス）はよいところ，M（マイナス）はよくないところ，I（インタレスティング）は気になることやアイデア，疑問等を書きます。全員の意見を可視化するために，１枚の PMI シートを端末を使って

P（プラス） よいところ	M（マイナス） よくないところ	I（インタレスティング） 気になること アイデア等

共同編集させます。シートの記入部分を個人の枠で区切って誤消去を防ぎ，さらに，手書き用のプリントも用意して，編集中のトラブルに対応できるようにしておきました。編集後はホワイトボードにシートを投影して，類似の考えを整理したり，新しい価値を見いだしたりしながら，話し合いを進めていくことができます。

❷白熱した話し合いをつくるその他の工夫

　導入で，事前に行った Microsoft Forms のアンケート結果を示し，本時のテーマが自分たちにとって身近なものであることを共有し，考える必要性をもたせました。また，教材文は宿題で事前読みをさせておき，あらすじを場面絵や吹き出しを使って黒板に整理しました。これにより考える時間が確保でき，集中して話し合いを進めることができます。

本時の流れ

（1）主題名　自律的な判断
（2）教材名　アップするの？（出典：学研）
（3）ねらい　周囲や相手の状況を踏まえてよいことと悪いことを自律的に判断し，行動しようとする態度を養う。
（4）展開の大要

	学習活動・主な発問と予想される子どもの反応	指導上の留意点
導入	1　アンケート結果を知り，テーマをたしかめる。 ○情報モラルについて考えよう	・Microsoft Forms のアンケート結果を示し，SNS の身近さに気づかせる。
展開	2　教材をもとに話し合う。 ○写真や動画をアップすることのよい点と悪い点は何でしょう。 ・【P】「いいね」があるとうれしい。 　　　写真や動画を見る人が楽しい。 ・【M】個人情報が悪用される。 　　　無断でアップしたら誰かを傷つける。 ・【I】勝手にアップしたらいけない。 　　　アップするときは，相手に確認したほうがよい。 ○情報発信するときに，「わたし」に足りなかったのは何だったでしょう。 ・A子の気持ちを考えていない。 ・後先のことを考えていない。 ◎情報発信をする上で大切なことは何でしょう。 ・相手の立場になって考えることが必要。 ・先のことや周りへの影響を考えなくてはいけない。 ・無責任な情報発信はよくない。 ○日常生活に生かせることは何でしょう。 ・正しい内容かどうかを考える。 ・本当に発信してよいのかをたしかめる。	・教材は事前に読ませておき，あらすじを黒板に整理する。 ・PMI シートを活用し，端末で共同編集させながら，多面的に捉えさせる。 ・アップすることには悪い面だけでなく，よい面もあることをたしかめる。 ・大型テレビで班の考えを共有する。 ・「わたし」の言動に着目して，情報発信時の課題を考えられるようにする。 ・日常場面には様々な情報の種類があることにふれ，考えの一般化を図る。
終末	3　本時の学習を振り返る。 ・情報発信にはよい面も悪い面もあるから，先のことや相手のことをよく考えて発信することが大切。	・学んだことや考えたことを記述させる。

（5）評価　周囲や相手の状況を踏まえてよいことと悪いことを自律的に判断し，行動しようとする気持ちをもつことができたか。（ワークシート）

🦊 授業の実際

❶教材のあらすじ

「わたし」は友達と一緒に写った写真を SNS にアップしようとして，1 人の友達から嫌がられたことを不満に感じます。しかし，後日，先輩が自分の写った写真を SNS にアップし，他の人に見せたことを不安に思い，削除を願い出ます。

❷導入

Microsoft Forms を使って SNS の認知度や写真のアップについて事前に尋ねた結果を提示しました（右図）。子どもたちにも SNS が浸透していることが示され，情報モラルについて考える必要感をもたせました。

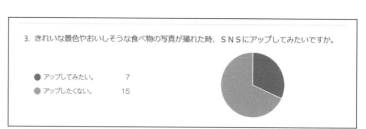

❸展開

Microsoft Forms の結果から，個人情報の流出や犯罪に巻き込まれる不安を理由に「SNS に写真や動画をアップすることはよくない」という考えに偏っていることがわかりました。そこで，「PMI シート」（右）を使

PMI 番号	P（プラス）よいところ	M（マイナス）よくないところ	I（インタレスティング）気になること，面白いこと アイデア，疑問等
1	撮った場所が人気になるかもしれない	個人情報がばれるかもしれない	
19	オススメしたところが，人気になったら自分も人気になれる	個人情報がもれる	もし，オススメしたところが人気になり人がたくさん来たらどうしよう
25	「いいね！」等を押してもらうとうれしい・みんなに見てもらえる	個人情報の流出や住んでいる場所の特定等が心配	個人情報の流出が嫌なら必要なところ以外にモザイク等見にくくなるものをつければいいのに

ってアップすることのよいところやよくないところ等を捉え直していきました。すると，P には「見てもらえるとうれしい」「人気者になれる」等の意見が書かれ，夢の実現等の価値があることが見いだされました。これにより，「SNS にアップすることが悪いのではなく，使い方に問題があるのではないか」という視点をもつことができました。

ツール活用のポイント

先入観や偏った見方で考えがちな物事ほど，多面的に考えるためのツールを使用すると新しい側面に気づくことができます。活用のポイントは，PMI シートに書かれた考えを分類したり，理由を尋ねたり，新しい見方に気づかせたりすることです。これにより物事をフラットに見て考え，判断していくことができます。

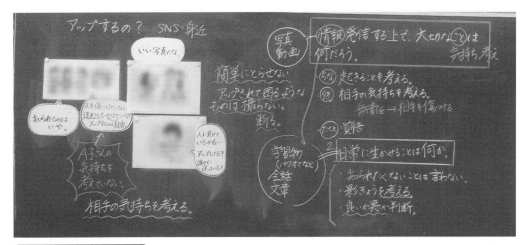

┌─ ICT 活用のポイント ─┐

　PMI シートは Microsoft Word でつくり，Microsoft Teams のファイルに投稿して共同編集できるようにしました。1 枚のシートで全員の意見が確認できるのが便利です。類似の意見はシート内で教員がマーカーで色づけします。キーワードをホワイトボードに書き出しておくと，振り返りに活用できます。

　次に，PMI シートから離れ，教材の「わたし」の情報の扱い方に着目して話し合いを進めました。すると，子どもたちからは「誰にも迷惑をかけていないって言うけど，A子の気持ちを考えていない」「写真を簡単に撮らせるのはよくない」等の意見が出てきました。そこで，「情報発信をする上で大切なことは何でしょう」と発問

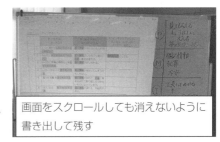

画面をスクロールしても消えないように書き出して残す

すると，「発信してよいかどうかよく考える」「相手の気持ちを考える」等の意見が挙がりました。理由を問うと「無責任な行動が相手を傷つけることになる」という反応があり，「個人情報の流出」という漠然とした情報発信上の課題から離れ，一人ひとりが自分にできることや大切にしたいことを考えている姿が見られました。

　最後に，写真や動画に限らず，普段の会話や学習物にも情報が含まれることを説明し，本時の学びで日常に生かせることを考えました。「善悪を考える」「むやみやたらに言わない」等，子どもたちは，自分でしっかり考えて判断し，行動しようとする意識が高まりました。

❸実践を終えて

　PMI シートで考える視点をもつとともに，Microsoft Teams を活用して共同編集しながらグループの意見をまとめ，整理することができました。教材の事前読みにより，一人ひとりが自分のペースで考えることができ，授業での話し合いの時間を確保できました。　　　（大川珠代）

事例 14

クラゲチャートを活用した授業

―おくれてきた客（5年生）―
（出典：ココロ部！　NHK for School）

土田雄一の"ココ"がポイント！

　単学級の多様な考えがもちにくい実態を「オンライン授業」でカバーしようとした実践です。朝の会を活用して相手校とオンライン授業の確認をしたのは道徳授業への意欲づけとなりました。判断が難しい状況について「クラゲチャート」で様々な理由を考えさせただけでなく，「入れる」「入れない」の両面から考えさせたところがよいですね。さらに，黒板の「スケール」のネームプレートを「理由を聴いてみたい人」の指名につなげたのがさすがです。発言がしづらいオンライン授業では効果的です。他校の教員との打ち合わせや時間調整は手間がかかるかもしれませんが，子どもが全員「よかった」と感じる授業になったことが励みになりますね。

❶考えるツール＆議論するツール＆ICTの活用ポイント

　クラゲチャートは，その形のユニークさが子どもたちの目を引き付けます。また，「頭」の課題に対して，5つの「足」があることで，子どもたちは「5つは意見を出そう」と発想を膨らませます。話し合いの中で，取り入れたい考えがあれば「足」を増やしてメモに使うこともできます。本授業では，2つの立場について考えるために，クラゲチャートを2つ（入れる・入れない）用意し，両方の立場から考えを整理できるようにしました。

　また，本校は単学級であるため，他校とのオンライン授業（Zoom）により，多様な話し合いが可能となります。その際，スケールを活用することで意見交換がしやすくなります。

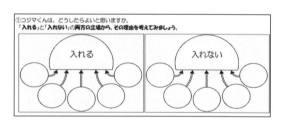

❷白熱した話し合いをつくるその他の工夫

　オンラインで他校の子どもたちと円滑に話し合いができるように朝の会でもお互いにオンラインで挨拶等をしました。教師はファシリテーターとして関わりました。スケール上に自分の考えを表現し，そのように書き表した理由も書くようにすることで，「入れる」「入れない」とはっきりとは判断できない微妙な迷いも表現できるようにしました。

本時の流れ

（1）主題名　「きまり」の意義
（2）教材名　おくれてきた客（出典：ココロ部！　NHK for School）
（3）ねらい　コジマくんがどのような行動をとるとよいか考えることから「きまり」がなぜ大切なのか
　　　　　　を見つめ直し，その意義について考えを深めることができる。
（4）展開の大要

	学習活動・主な発問と予想される子どもの反応	指導上の留意点
導入	1　教材及び今日の学習活動について知る。 ○コジマくんはどうしたらよいと思うか，考えながら動画を見ましょう。授業の後半で他校の友達と考えを伝え合って，考えを広げられるようにしましょう。	・授業や学習活動への関心を高めるためにオンラインでの顔合わせを事前に行う（短学活等）。
展開	2　教材を視聴して（7分29秒まで），コジマくんはどうしたらよいと思うか考える。 ○「入れる」と「入れない」の両方の立場から，その理由を考えてみましょう。 （入れる）・母娘の夢を叶えてあげたい。 （入れない）・きまりは守らないといけない。 ○コジマくんはどうしたらよいと思いますか。ワークシートに書き表してみましょう。（一次判断） ○他校の友達の考えを聴いてみましょう。 ○コジマくんはどうしたらよいと思いますか。動画の続き（7分29秒以降）も見た上で，ワークシートに書き表してみましょう。（二次判断）	・コジマくんが困っていることを明確にする。 ・クラゲチャートで問題を見る視点を広げてから判断させる。 ・スケールで自分の考えを位置付けさせる。 ・個人→ペア→他校の友達→個人と思考を広げた上で二次判断ができるようにする。
終末	3　「きまり」について考えたことを振り返る。 ・きまりにはきちんと目的があることがわかった。 ・きまりを本当に守るのは難しいと思った。	・「きまり」をテーマに今日の学習を振り返る時間を設ける。

（5）評価　コジマくんの行動を考えることを通して，「きまり」の価値について見つめ直し，その存在意義について考えることができたか。（発言・ワークシート）

授業の実際

❶教材のあらすじ

　美術館の警備員として勤めるコジマくんが決断を迫られるお話です。絵画展の最終日に，閉館時間を過ぎてからきた「おくれてきた客」である母娘への対応にコジマくんは悩みます。「美術館のきまりを守って入れない」か「事情のある母娘の願いを聞いて入れる」か，「きまりの意味」についての考えを引き出すことができる動画教材です。

❷導入

　授業当日の朝の会で，「今日の道徳授業はＡ小の友達とオンラインでつないで一緒に授業をします」と話しました。子どもたちの雰囲気は一変し，道徳の授業への意欲が高まりました。朝の会をオンラインでつなぎ，簡単な挨拶と教師からの学習活動の内容の紹介を行いました。

❸展開

　「コジマくんはどうしたらよいと思うか，考えながら見ましょう」と視聴する視点を伝えてから教材を視聴させました。「入れる」「入れない」それぞれの理由を把握した上で一次判断をさせたいと考え，まずクラゲチャートで「入れる」「入れない」の両方の立場をとる理由を考えました。全体で話し合いながらクラゲチャートの「足」を書いていく過程で，「長年の夢なら，やっぱり入

れてあげたほうがよいんじゃないかな」「ルールを破ると働く場所にも迷惑かけちゃうんだな」等，子どもたちがコジマくんの悩みについてより一層理解を深める様子を見て取ることができました。

> **┤ ツール活用のポイント ├**
>
> 　「入れる」「入れない」の両方の立場について理由（足）も考えておくことで，問題を見る視点を広げた上で判断をすることができます。話し合いで取り入れたい考えを加筆してもよいことにするのがポイントです。両方の立場で考えているので，自分と違う立場の意見をより受け止めやすくなります。

　「入れる」「入れない」両方の立場について理解し，コジマくんの悩みが把握できたところで，「コジマくんはどうしたらよいと思いますか。ワークシートのスケールに書き表してみましょう」と話して，ワークシート上のスケールに自分の思いとその理由を表現させました。

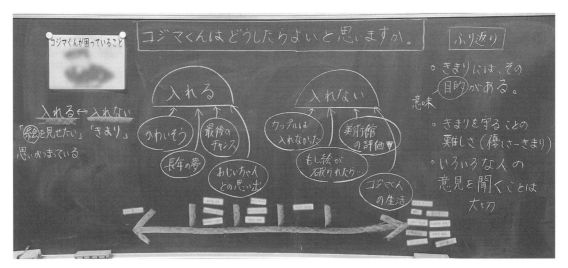

　一次判断をワークシートで考えた後，黒板のスケールにネームプレートを貼りました。その理由についてペアや学級で考えの共有を図った後，あらかじめ決めていた時間にオンラインで他校の友達とつなぎ，黒板上のスケールを映しました。「誰の考えを聞きたいか」と聞き合いながら，お互いの考えを共有していきました。初対面かつオンラインでもあるため，教師がファシリテーターとして「もう少し詳しく聞きたいことは？」と対話が進むよう補助をしました。他校の友達との意見交流をした後，動画の続きも見た上で，スケールで二次判断をさせました。筆者の学校の「（ルールを破ると）美術館の評価が下がる」という意見がA小にはなかったので，オンライン授業がより多様な考えを知る手立てとなることがわかりました。

┌─ **ICT 活用のポイント** ─────────────────────┐

　オンラインで同時並行の授業をするために，それぞれの学校の日課表の違い等を調整することが大変でした。授業者相互で授業のねらいや学習活動の流れ等の「共通理解」を図る必要があります。子どもの発言が相手に聞こえるかどうか等の確認も必要です。

└────────────────────────────────────┘

❹終末

　振り返りのワークシートには「初めは優しくしてあげることが大事だと思っていたけど，きまりをやぶるといろいろな人に迷惑がかかることがわかった」「きまりにはきちんと目的があることがわかった」等の記述がありました。

❺授業を終えて

　授業後のアンケートでは100％の子どもがオンライン授業について「よかった」と回答し，その理由として「自分たちのクラスにはない意見を聞けてよかった」という感想を挙げており，オンライン授業がよりよい道徳学習の手立てになることが確認できたと感じました。

（串田篤則）

事例 15

フローチャートを活用した授業

―図書館はだれのもの（5年生）―
（出典：教育出版）

諸富祥彦の "ココ" がポイント！

　この授業では，導入でMicrosoft Formsを用いて，自分の考えを選択し送信させることで，クラス全員の考えが円グラフでぱっと一目でわかる形で示されるように工夫されています。ICTの活用によって，このように一人ひとりが「この授業に自分も参加している」という意識をもたせることが容易になっています。また，フローチャートを用いることで，「みちお」の視点，「大学生」の視点の両方の視点から思考を広げることができるようにしてある点が素晴らしいです。「それ以外の視点に立った考え」も出せる工夫がしてある点もよいです。子どもたちはときとして「大人が思いつかなかった新鮮な視点」でものを考えることもあるからです。それを奨励する雰囲気が重要です。

❶考えるツール＆議論するツール＆ICTの活用ポイント

　フローチャートは論理の筋道を可視化するのに優れているツールです。自分の考えを順序立てて整理していくことで，考えの根拠が明確になります。「問い」から考えを右方向へ書き進めていきます（右図）。自分が共感する立場だけでなく，別の視点で考えることで1つの考えに固執せず多様な考えを導き出すことができます。その際，そう思った理由や先（未来）を想像しながら書いていくようにします。また，今回は導入でMicrosoft Formsのアンケート機能を活用しました（後述）。クラス全体の考えが円グラフで表示され，その後の話し合いにつながりやすくなります。

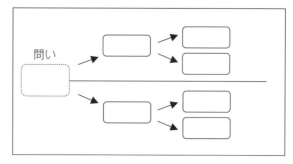

❷白熱した話し合いをつくるその他の工夫

　自分の考えを明確にした上で，話し合いを行います。その際，「今の時点での考えであること」を意識させます。途中で考えが変わることを肯定的に捉えて伝えることで，自分の考えを紹介しやすくなります。自分の考えを相手に伝えて終わりではなく，友達の考えに対して質問をし合いながら考えを深めていくようにします。また，ワークシートに友達の考えを書き加える際は青色で書くようにし，友達の考えからさらに自分の考えを広げました。フローチャートで考えを視覚的に捉えることができ，多面的・多角的な思考がしやすくなります。

● 本時の流れ

（1）主題名　自他の権利を大切に
（2）教材名　図書館はだれのもの（出典：教育出版）
（3）ねらい　法やきまりの意義に気づき，自他の権利を大切にし，義務を果たそうとする実践意欲と態
　　　　　　　度を育てる。
（4）展開の大要

	学習活動・主な発問と予想される子どもの反応	指導上の留意点
導入	1　「きまり」についてのアンケートをとる。（事前学習） ○身の回りにはどんなきまりがありますか。 ・交通ルール。・バスや電車の乗り方。・廊下の歩き方。等 2　教材を提示する。 ○「わたし」の立場に立って読みましょう。	・身の回りにあるきまりについて想起させることで道徳的価値への方向付けを行う。 ・問題意識をもたせる。
展開	3　アンケートと教材の内容を確認する。 ○身の回りにはいろいろなきまりがありますね。 ・きまりだけでなく「権利」や「義務」もあるね。 4　今日の授業で考えることを確認する。 ◎どちらの気持ちに共感しますか。 みちお ・新聞づくりのためだから仕方ない。 ・わざと大きな声を出したわけじゃない。 大学生 ・図書館は静かに使うきまりだから。 ・他の人の迷惑になってしまう。 ・集中できない。 5　グループ，全体で考えたことを交流する。 ・みんなの図書館だからみんなが気持ちよく使えるようにしなくてはいけない。 ・自分だけでなく，相手の権利も考えなくてはいけない。	・自分たちの生活の中でもたくさんのきまりがあることに気づかせる。 ・学習問題を明確にする。 ・Microsoft Forms による投票機能を活用する。 ・友達の考えを聞き，新しい考えや，共感した考えを付け足すように促す。その際，青色で書くように伝える。
終末	6　振り返りをする。 ○今日の学習で考えたことを Microsoft Forms に記入しましょう。 ・みんなが安心して生活するためにきまりがある。 ・きまりを守る大切さに気づいた。	・導入で提示した身の回りのきまりを確認し，これからの生活に生かせるようにする。

（5）評価　自他の権利を大切にし，義務を果たすことの大切さに気づき，これからの生活につなげようとしているか。（発表・ワークシート）

🍀 授業の実際

❶教材のあらすじ

　学級新聞をつくるために，わたしたち編集部員は図書館に行きました。真剣に議論しているうちに話し合いに熱が入り，だんだんと声が大きくなってしまいました。すると，大学生くらいのお兄さんに「君たち，静かにしなさい」と少し強い口調で言われてしまいました。「自分たちにも使う権利がある」というみちおたちの意見と大学生くらいのお兄さんの考えのどちらにも共感できるわたしは，すっきりしない気持ちが残りました。

❷導入

　事前にアンケート調査した「自分たちの身の回りのきまり」について，ランキングで紹介しました。また，教材を読んで考えたいことやなぜだろうと思った子どもの問いをそれぞれ共有しました。「女の子はどうしたらよいのだろう」という考えに共感する意見が多かったため，このことについて考えていく流れをとりました。子どもの問題意識を大事にしています。

❸展開

　子どもたちは事前に教材を読んでいるので，簡単にあらすじを確認して展開に入りました。まず，女の子の立場になって考え，「みちお」と「大学生」の「どちらの気持ちに共感しますか」と尋ねました。その際，タブレットを活用し，Microsoft Forms で自分の考えを選択し送信させました。自分の意見が円グラフとなって表示されることで，全員が授業に参加しているという意識をもつことができました（右上図）。そして，まずは一人ひとりがフローチャートを書き進めていきました（右下図）。「みちお」と「大学生」の考えとの両面から考えるように声かけを行いました。また，それ以外の考えもある場合は書き足してよいことを伝えました。

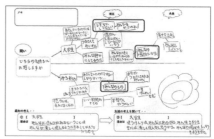

　その後のグループ交流では，友達と質問をし合いながら話し合いました。また，友達の考えを書き足す際は青色で書くようにさせ，視覚的にわかるようにしています。その後，全体で考えたことを共有しました。「みちおたちも遊んでいたわけではなく，一生懸命にやっていたのだからかわいそう」「言い方も大事なのでは」という意見が出されました。

　また，最終的によい新聞ができてよい結果になるのは「みちお」たちだけであり，他の人に

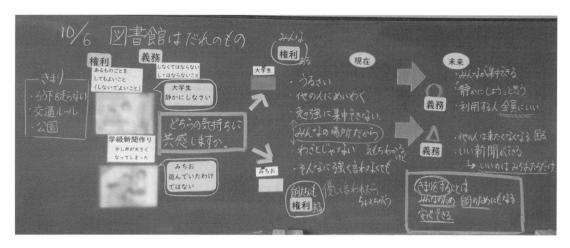

は迷惑をかけてしまっていることに気づく子どももいました。先（未来）を想像することで周りへの影響を知ることにもつながり，「権利」だけを主張していては困る人がいることや危険なこともあるという考えが子どもたち同士の話し合いの中から生まれました。

┌─ ICT活用のポイント ─────────────────────────────┐

　Microsoft Forms の投票機能を展開での話し合いのきっかけとなるような形で活用しています。個人で考える時間や交流の時間を十分確保できるように心がけています。

└──┘

┌─ ツール活用のポイント ─────────────────────────────┐

　フローチャートを活用し，両方の気持ちを考えられるようにします。順序立てて考えていくことで根拠が明確になり，納得解につながります。「書き足しあり」も大事です。

└──┘

❹終末

　授業の終末では「権利」と「義務」について一人ひとりが考える時間をとりました。「権利」だけを主張すると困る人がいることやみんなのことを考えなくてはいけないこと等に気がつきました。また，導入で提示した「身の回りのきまり」を再確認し，これからの生活とつなげることができるようにしました。振り返りはMicrosoft Forms で行い，毎回の授業を蓄積して個人シートを作成しています。

❺授業を終えて

　フローチャートを使って考えることで，様々な立場で考えたり，先を想像したりすることができ，自分だけでなく周りの状況も含めた判断ができました。また，Microsoft Forms で振り返りを蓄積することで，子どもたちが自らの学びを振り返ることができるとともに，教師にとっても子どもの変容が見取りやすくなり，大くくりなまとまりでの評価に役立ちます。

（山崎智子）

事例 16

AIAI モンキーを活用した授業

—最後のリレー（5年生）—
（出典：ココロ部！　NHK for School）

土田雄一の "ココ" がポイント！

　「AIAI モンキー」は，語句の出現頻度を「わくわくの実」として表すソフトです。出現頻度が高いキーワードは大きく中央に，少ないものは小さく外側になります。学級全員の傾向が一目でわかります。「実」をクリックすると，実際に書いてあるコメントを読むことができるのが魅力です。発表していない友達の考えや少数の意見等の考えにもふれることができます。これをもとにグループでの会話がしやすくなったのはよい活用です。また，考えの変容がわかり，学習の履歴も蓄積できるのもこのソフトの特長です。留意点は「わくわくの実」を読むことに目がいきすぎないようにすることです。全体の話し合いを充実させる道具として活用したいですね。

❶考えるツール＆議論するツール＆ ICT の活用ポイント

　AIAI モンキーでは，教師が作成した質問に対して，選択肢で回答したり，意見を入力したりすることができます。また，その意見を形態素解析によって動詞・名詞・形容詞等に分類し，キーワードを抽出して可視化することができるツールです。丸の集合体は「わくわくの実」と呼ばれています（右図）。さらに，気になるワードをタップすると，そのキーワードが含まれている意見の詳細を見ることができ，多面的・多角的に考えることにつながります。子どもたちはわくわくの実をもとに話し合いを行い，考えを深めることが可能です。クラス全体の意見の割合を表示したり，一人ひとりの考えの理由を見たりすることができ，クラス全員が授業に参加している意識をもつことができます。

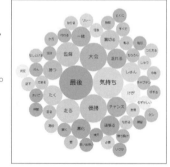

❷白熱した話し合いをつくるその他の工夫

　教材にはタクヤの足のけがを監督に「言う」か「言わない」かで悩むコジマくんの姿が描かれています。子どもたちにはまず，自分の意見として「言う」か「言わない」かを自己決定させます。その後，わくわくの実をもとにグループで話し合いをさせました。様々な人の立場に立つことで，見方や考え方が変わり，どうすることがよいのかを吟味させるようにしました。また，教師からの問い返しが子どもたちの考えを深めるキーになります。教材研究であらかじめ，いくつかの「問い返し」を用意しておくことも白熱した話し合いを作る工夫の1つです。

本時の流れ

（1）主題名　集団での役割

（2）教材名　最後のリレー（出典：ココロ部！　NHK for School）

（3）ねらい　タクヤの足のけがを監督に「言う」か「言わない」かで悩むコジマくんの姿を通して，自分の置かれている立場や役割について多面的・多角的に考え，自分たちの学校や集団をよりよく発展させようとする実践意欲と態度を育てる。

（4）展開の大要

	学習活動・主な発問と予想される子どもの反応	指導上の留意点
導入	1　映像を視聴して，問題を把握する。 〇コジマくんの立場に立って映像を見ましょう。 ・監督にけがのことを「言う」か「言わない」で迷っている。	・AIAIモンキーのログインを済ませておくようにする。 ・教材を提示し，コジマくんの状況を把握できるようにする。
展開	2　コジマくんはどうしたらよいかを考える。 〇コジマはどうしたらよいのでしょう。また，そう思った理由を入力しましょう。【設問1】 【監督に言う】 ・優勝を目指して練習してきた。 ・監督やチームの信頼関係が崩れる。 【監督に言わない】 ・今までの4人で走りたい。 ・勝つことよりも大切なことがある。 【その他】 ・みんなの考えを聞く。 3　子どもの意見を集約し，全体へ提示する。 4　グループ・全体で話し合う。 〇わくわくの実を見て，友達の考えを確認しましょう。グループで話し合いをしましょう。 5　再度自分の考えを入力する。【設問2】	・課題を確認し，いろいろな立場から考えられるように声かけをする。 ・AIAIモンキーの設問1を配布し，自分の考えとその理由を入力・送信させる。（一次決定） ・「言う」「言わない」「その他」の割合を全体で共有する。 ・子どもの入力・送信を確認し，その都度，わくわくの実の分析を行う。 ・わくわくの実を見て，新たな気づきや疑問をもとに話し合いをするように声かけをする。 ・AIAIモンキーの設問2を配布し，自分の考えとその理由を入力・送信させる。（二次決定） ・全体で結果を共有する。
終末	6　本時の学習を振り返る。 〇今日の学習を通して考えたことや新しくわかったことを入力しましょう。 ・自分のことだけでなく，周りの人のことを考えることができた。	・最初の考えとの比較や友達の考えを通して考えたこと等にもふれられるように声かけをする。 ・振り返りを通して，これからの学校生活へつなげられるようにする。

（5）評価　よりよい学校生活や集団生活について，これからの生活と関連させて考えようとしているか。（発表・ワークシート）

🦉 授業の実際

❶教材のあらすじ

　主人公のコジマくんは高校生活最後の大会に同級生のヒロシ，ケン，そして親友のタクヤとリレーに出場します。しかし，タクヤは前日の練習で足首を痛めてしまっていることがわかりました。「いつも通り走ってみせるから，監督には言わないでくれ」というタクヤ。しかしメンバーのヒロシ，ケンは「最後の大会で優勝したい。控えの選手を出すべき」と自分たちの気持ちも考えてほしいと訴えます。２年生の補欠のシュンはタクヤと同じくらいのタイムを出しています。「友情」か「勝利」かコジマくんはキャプテンとして悩んでいます。

❷導入

　まず，登場人物を紹介し，教材を視聴しました。写真等を提示しながらそれぞれの役割や状況を整理できるようにしました。また，問題になっている点をおさえ，「よりよい集団をつくっていくためにはどうすることが大切なのか」を考えていくことを確認しました。

❸展開

　「コジマ君はこの後どうしたらよいか」について個人で考えました。子どもたちは①監督に言う②監督に言わない③その他の中から自分の考えを選択し，そう考えた理由をタブレットで入力・送信するようにしました。その後，AIAIモンキーで分析して「わくわくの実」（102ページ）として表示しました。出現頻度の高いキーワードは大きい丸で中心部に表示され，出現頻度の低い少数の意見は外側の小さな丸で表示されます。また，子どもたちのタブレットにも同じものが表示されるので，気になった意見やキーワードを各自でタップしてたくさんの考えを知ることができていました。見ている子どもたちからは，「そういう考えもあるのかぁ」「確かにそうかも……」と様々なつぶやきが聞こえてきました。展開中盤では自分の考えとわくわくの実をもとにグループで話し合いを行いました。今までは自分の考えを伝えることが中心になっていましたが，わくわくの実があることでグループでの会話がしやすくなったように思います。また，一覧表（右）によりクラスの傾向も知ることができ「この意見についてどう思う？」「これってどういうことだろう」等，考えを深めていました。その後，全体で意見の交流を行いました。グループで話し合いをして気づいたことや考えたことを尋ねました。

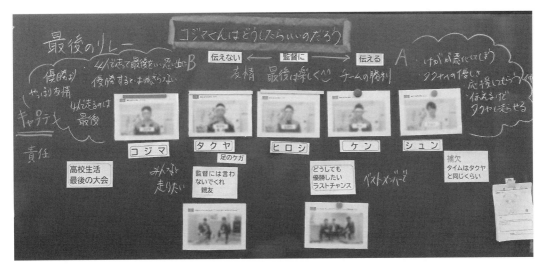

　その際，「監督に言う」場合はタクヤの気持ちや友情についての問い返しを，「監督に言わない」場合は優勝を目指して練習に励んできたことや監督・家族に対してはどうか等，気持ちを揺さぶる問い返しを行い，自分の考えをもう一度考えるきっかけを作るようにしました。後半に再度，AIAIモンキーで同じ発問をし，子どもたちは今の自分の考えとその理由を入力・送信しました。「わくわくの実」やクラス全体の意見の傾向を1回目と2回目で比較し，考えの変容を見ることもできました。AIAIモンキーを活用することで，クラス全員の考えを知ることができ，いろいろな考えをもとに自分の考えをまとめることができていました。

ICT活用のポイント

　AIAIモンキーの分析は全員の入力を待つのではなく，送信できた子どもがどんどん他の意見を見ることができる状況をつくることが大切です。そのため，教師は数回分析を行う必要があります。それにより，どの子どもにとっても時間を有効に使うことができます。

---

❹終末

　よりよい集団をつくっていくために大切なことやできることは何かを自分たちの置かれている立場や生活と重ねながら考えられるようにしました。振り返りの入力もAIAIモンキーで行うことで実践記録として蓄積することができて便利です。

❺授業を終えて

　AIAIモンキー（有料ソフト）を活用することで意見が可視化され，見やすさや考えやすさにつながりました。多くの意見を知ることができ，一面的な見方から多面的・多角的に考えることができました。さらに，学習の履歴を蓄積でき，学習を振り返る際にも役立ちます。

（山崎智子）

発表ノートを活用した授業
―だれかをきずつける機械ではない（5年生）―
（出典：教育出版）

土田雄一の"ココ"がポイント！

「最高学年の自分計画を立てよう」という同じテーマでの交流授業は，両校の子どもたちにとって大きな刺激となり，楽しく心に残るプログラムとなりました。SKYMENU Class の「発表ノート」を活用し，大型画面で共有した後，タブレットをビデオカメラとして活用し，他校と共有したところがさすがです。また，「発表ノート」を意図的指名に活用したこともオンライン授業では有効です。受け身のように見えた小規模校の子どもたちもしっかりと自分の考えを深めたことが道徳ノートの振り返りによってわかります。教師の情報交換に LINE を活用して，道徳ノートの写真を送り合い，子どもたちの意識の変容を確認し合った取り組みが特によいですね。

❶考えるツール＆議論するツール＆ ICT の活用ポイント

SKYMENU Class の「発表ノート」は，自分の考えを書いて提出すると，教員機からも子どもの画面からもクラスの一覧を見ることができます。友達の考えをタブレット上で見ることができ，自分と同じ考えがあることに安心したり，勇気づけられたり，自分の考えに自信をもつことができます。発表する時間の短縮にもなります。

さらに，Zoom を活用して他校と交流することで，考えを広げ，深めることができます。タブレットをビデオとして動かしながら電子黒板に映すことで，ライブ授業が可能となります。

❷白熱した話し合いをつくるその他の工夫

事前に他校と打ち合わせをして，「最高学年の自分計画を立てよう」をテーマに4回の交流授業プログラム（後述）を作成しました。他校との交流授業は，単学級で考えが広がらない場合でも様々な考えにふれられ，話し合いが楽しくなります。それぞれのクラスがどんなクラスになりたいのか，一緒に話し合いたいことは何か，この授業を通してどうなってほしいかを具体的に話し合い，共通のねらい（テーマ）を考えます。ねらいを達成するために，本時の主発問を決定します。また，主発問を考える際に，どんなツールを使えば子どもの考えがより深まるかを考えます。今回は，SKYMENU Class の「発表ノート」を使い，一人ひとりの考えを可視化しました。それをもとに各校がねらいの解決のために意見を出し合いました。

🌑 本時の流れ

（1）主題名　正義の実現のために～いじめは絶対に許さない～
（2）教材名　だれかをきずつける機械ではない（出典：教育出版）
（3）ねらい　いじめについて話し合うことを通して，差別をなくすことの大切さに気づき，全校の中で
　　　　　　のいじめをなくそうとする実践意欲や態度を育てる。
（4）展開の大要（2/4）

	学習活動・主な発問と予想される子どもの反応	指導上の留意点
導入	1　本時の学習のテーマを設定する。 　　差別のない学校とはどんな学校だろう	・オンラインの接続をする。 ・学習のテーマを提示し，どんな最高学年になりたいかを考えさせる。
展開	2　教材「だれかをきずつける機械ではない」を読んで話し合う。 ○差別のない学校とはどんな学校だろう。 ・仲のよい学校。 ・いじめのない学校。 ・助け合える学校。 ○いじめはなぜいけないのだろう。 ・相手が苦しい思いをするから。 ・相手の人生をダメにしてしまうから。 ○いじめをなくすためにどうしたらよいだろうか。 ・いじめにあっていることに気づかせてあげる。 ・勇気をもっていじめている相手に伝える。 ○「自分がもっている正義の心」とは何かを考える。 ・正しいことを貫くこと。 ・人のことを考えて助けてあげること。 ・勇気をもって行動を起こすこと。 3　教師の説話をする。 4　やなせたかしさんの「いじめのない世界へ」を提示し，やなせたかしさんの思いを伝える。	・あらかじめ教材を読ませ，自分の生活を振り返り，考えておくようにする。 ・学習問題を提示し，本時の課題を明確にする。自分の考えを「発表用ホワイトボード」に書き，頭上にあげさせる。 ・いじめがなぜ悪いのかについて考えを広げ共通理解をする。 ・ネットいじめと広い意味でのいじめについての対策を分けて板書するようにする。 ・教材の中に書いてある「自分がもっている正義の心」を取り上げ，言葉の意味について考えさせる。 ・自分の考えをSKYMENU Classの「発表ノート」に書かせ，提出させる。 ・最高学年になる自分と重ねながら，やなせさんの思いを感じ取らせる。
終末	5　学習テーマに対する自分の考えをまとめ，今日の授業を振り返る。	・テーマについて授業の前と後での自分の考えの違いに気づかせながら書かせる。

（5）評価　差別をなくすことの大切さに気づき，全校の中でのいじめをなくそうとする意欲が高まったか。（発言，発表ノート，様子）

🔵 授業の実際

❶教材のあらすじ

　学校で携帯電話の安全講習会が行われました。ぼくはネットいじめの怖さを知り，母親に「どうしたらネットいじめが防げるのかな」と尋ねました。すると，母親がルールを決めて使うことの大切さを教えてくれました。新聞に掲載された携帯電話を使うときの18の約束を見たぼくは，次の日，友達のなおとさんにそれを見せ，ネットいじめが起きないようにするための対策をクラス全体で話し合うことにしました。そこでは，「自分がもっている正義の心」の必要性に気づきました。

❷導入

　この学習は「最高学年の自分計画を立てよう」という交流授業プログラム（４回）の第２回です。導入で「最高学年になるために必要なことは何かを考えていきましょう」と投げかけました。事前にオンライン（Zoom）で他校の５年生とつないでおきます。

❸展開

　事前に教材を読み，テーマ「差別のない学校とはどんな学校だろう」について自分の考えを「発表用ホワイトボード」に書かせ，それぞれの学校から交互に考えを発表し合いました。「いじめのない学校」「仲のよい学校」「思いやりのある学校」等と次々に意見が出ました。そこで，教材から「差別のない学校」についてもう少し深  く考えていきましょうと今日のめあてを伝えました。次に，「いじめはなぜいけないのか」について考えました。「命に関わる」「人としていけないこと」「やっている人だけが楽しんでいる」「心の傷は一生治らない」等の意見がお互いの学校から出ました。

　そして，「いじめをなくすにはどうしたらよいか」と発問すると「相手の気持ちを考える」「気持ちのコントロールをする」「この後どうなるかを考える」「いけないことはいけないと言う」等の発言がありました。すると，それに対して「もし相手がボスみたいに強い人だったらやめろよと言えるんですか」と発言がありました。この意見から授業の雰囲気が変わりました。「相手が自分より強い人なら言い返せないと思う」「でも，正しいことは勇気をもって言わないといけないと思う」と白熱した話し合いが始まりました。そこで，教師が中に入り，教材の中で出てきた「『自分がもっている正義の心』とは何でしょう」と投げかけ，SKYMENU Classの「発表ノート」に自分の考えを書かせました。一人ひとりの「発表ノート」を誰でも見られ

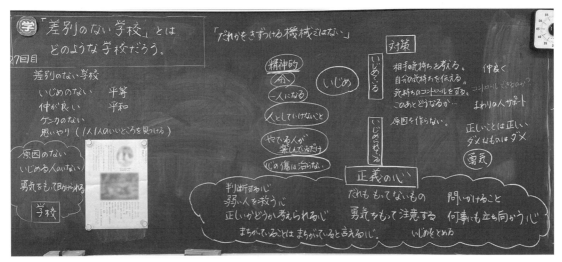

るようにしました。また，Zoom に相手の学校の考えを一覧で映し出し，全体で見られるよう
にしました。その後の話し合いでは，「正義の心」とは正しく判断する心，弱い人を救う心，
正しいか考えられる心，勇気をもって止める心，何事にも立ち向かう心，自分に問いかける心
等，たくさんの考えが出ました。

ICT 活用のポイント

「発表ノート」は，自分で新たな意見を付け加えることもできます。友達の意見は色を
変えて書き加えることもできます。また，全員の考えが映し出されるので，自分の考えを
書きにくい子どもの支援にもなるとともに，教師の意図的指名にも活用できます。

---

❹終末

学習テーマに対する自分の考えを書かせます。授業の最初と最後に書いた考えを比べて振り
返りをさせることで，自分の考えの深まりを実感させることができます。「相手が強かったら
言えないのでは？」と言っていた子も正義の心について考え，たくさんの友達の考えを聞いた
ことで，「正しいことは正しい，ダメなものはダメ」という振り返りをしていました。

❺授業を終えて

単学級では意見が偏り，なかなか考えが広がらないのが現状です。他校との交流を通して，
多くの子どもが刺激を受けていました。自分たちの課題を見つめ直すよいきっかけとなりまし
た。Zoom を使ってオンラインで大規模校と交流したことは，子どもたちにとってとても新鮮
で，異文化にふれることができたようです。子どもたちの振り返りの記述にも「発表ノート」
の便利さと見やすさについて書かれていました。

🍀 交流授業プログラムについて（4時間）

❶1時間目　単元オリエンテーション（学活）

　「自分たちの学校紹介」「どんな最高学年になりたい？」をテーマに相手を知るためのアイスブレイクを行いました。これからの道徳プロジェクトについて知り，最高学年としてよりよいスタートができるように，これから自分にできることを考えました。お互いに初めて他校の5年生の様子を聞き，驚きとともに興味をもった様子でした。

❷2時間目　正義の実現のために〜いじめは絶対に許さない〜（前掲）

❸3時間目　広い心をもって〜相手の立場に立って考える〜（B-(11) 相互理解，寛容）

　「銀のしょく台」を教材に「広い心とは何か」について考えました。B小では「相手を許すこと」「こうなってほしいと思って許すこと」「相手のこれからを考えること」が広い心だという意見が出ました。そこで「何でも許すのが広い心？」と問い返すと，「そうではなくて，相手やこれからのことを考えてあげることが大事だ」という意見にまとまっていきました。広い心で許し合っていくために大切なことは何かについて考えることができました。

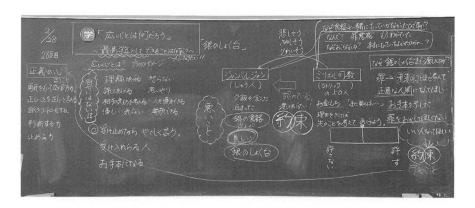

❹4時間目　こんな6年生になりたい〜自分が今できること〜（C-(16) よりよい学校生活，集団生活の充実）

　「バトンをつなげ」を教材に「バトンをつなぐとはどういうことか」について話し合いました。6年生からもらったメッセージを読み，意見を交流した後，最後に「最高学年宣言」を作成しました。A小では6年生からのメッセージを渡されたときは，クラスの中がシーンとなり，手紙を真剣に読んでいる姿が見られました。その後の感想では，「意識が変わった」「しっかりとお手本になれるようにしたい」と書いている子どもが多くいました。B小でも感想には，「6年生がやってきたことと，その思いを引き継いで頑張りたい」と書かれていました。

また，第2〜4回までの学習をまとめて考えて「相手のことを考えて，正義の心や広い心を
もって接することができる最高学年になりたい」という子どももいました。

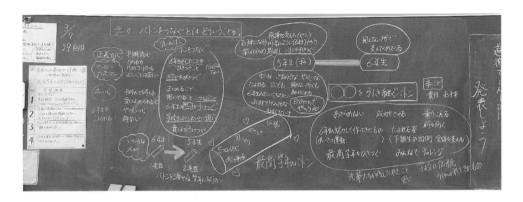

❺全体を通しての子どもの変化について

　A小の子どもは単学級のせいか，B小の子どもの意見に圧倒され，なかなか発言ができず，
やや受け身の授業が多かったように思います。しかし，道徳ノートの振り返りには「B小と交
流授業をして，納得することが多かったです。自分の考えにプラスになることが多くあり，こ
れからの最高学年としての意識が高まりました」と記述する子どもが多くいました。また，
「どんな6年生になりたいか」を全く書けなかった子どもが「1ページ分びっしり書くことが
できた。これも成長なのかな」と記述する等，意識の変容が見られました。

　B小の子どもは自分の考えをストレートに言う子どもが多く，発言力のある子どもに流され
てしまいがちでしたが，A小の子どもの考えを聞いて「正義の心をもって強く言うだけではな
く，相手のことも考えて，みんなに優しく正しいことを言えるようになりたい」「強い人にも
勇気を出して，いけないことをいけないと言える最高学年になります」と変容が見られた子ど
ももいました。「最高学年」を意識した姿がたくさん見られるようになりました。

❻実践を終えて

　プログラムによる他校との交流授業はそれぞれの子どもにとってよい影響がありました。教
材の選定，プログラムの流れはよかったと思います。特に「正義の心」と「広い心」の相反す
る考え方を比較させたときに，子どもは悩み，深く考えていました。放課後に授業後の子ども
の様子等をお互いに伝え合ったり，変容が見られた子どもや深く考えられた子どもについては
写真に収め，LINEで交換したりしました。お互いの子どもの意識が高まっていることがよく
わかりました。課題としては，オンラインの交流授業で意見をつなげて双方の話し合いをつく
ることの難しさが挙げられます。各学校，5名程度，意見を言って，次は相手校の意見を聞く
という流れだったので深めきることができませんでした。また，授業開始時刻の違いや導入，
話し合いの時間配分のほか，打ち合わせ時間の確保等も課題です。　　　（佐藤由美子　黒川久美）

事例 18

Google フォーム・Google Jamboard を活用した授業
―手品師（6年生）―
（出典：学研教育みらい）

土田雄一の"ココ"がポイント！

　森先生の授業を参観しました。デジタルとアナログを上手に使い分け，自分たちで話し合い，「誠実」に対する考えを深めた授業でした。「Google フォーム」を使った「誠実な人」のイメージの共有や「Google Jamboard」の付箋機能を活用して二度の意思表示をする，デジタル機器を活用した展開ですが，時間短縮のためグループの話し合いを立って行う，全体での話し合いは相互指名で展開する等，直接対話を大切にした授業でした。教師の話す時間を減らしながらも「手品師は自分のことは大事にしなかったのか」と「問い返し」で「誠実な人」についての考えを深められた授業です。

❶考えるツール＆議論するツール＆ ICT の活用ポイント

　導入では，Google フォームを活用して「誠実な人」についてどんなイメージをもっているかの回答を円グラフで可視化しました（右図）。選択肢を選ぶだけでクラスの意見の傾向をグラフ化してくれるのでどのような意見が多いのか把握するのに有効で

した。Google Jamboard の「付箋」機能をネームプレートとして活用し，「大劇場」か「男の子」のどちらを選ぶか一人ひとりが意思表示をしました。それを大型テレビに映し，全体で共有することで付箋の動きで悩んでいる様子を把握することができます（後述）。一人ひとりが手元のタブレットで意思表示をすることで移動時間を短縮することができ，話し合う時間を確保することができました。

❷白熱した話し合いをつくるその他の工夫

　グループでの話し合いは立って行い，短時間でお互いの考えを伝え合えるようにしました（意見交換が終わったグループは着席）。自分の考えを伝えることができない子どもには，グループ内でインタビューをするように指示し，話しやすくなるようにしました。全体での話し合いで相互指名を取り入れることにより，教師が話す時間を減らし，子どもがお互いの考えを傾聴しながら話し合うことを目指しました。子どもが話し合う間に出た意見を板書に整理し，必要に応じて補助発問を行い，ねらいに迫れるようにしました。

● 本時の流れ

（1）主題名　正直，誠実

（2）教材名　手品師（出典：学研教育みらい）

（3）ねらい　誠実に生きることのよさについて理解し，明るい心で誠実に生活しようとする心情を育てる。

（4）展開の大要

	学習活動・主な発問と予想される子どもの反応	指導上の留意点
導入	1　Google フォームで自分が考える「誠実な人」のイメージを選び，結果から話し合う。 2　事前アンケートの結果を見て話し合う。	・「誠実な人」についてのイメージを共有する。 ・明るい心で生きることの大切さに気づかせる。
展開	3　「手品師」を読んで考え，話し合う。 　明るい心で誠実に生きるとはどんなことだろうか。 ○手品師はどうして悩んでいたのでしょう。（全体） ・自分の夢をかなえたい。 ・約束を守りたい。　等 ○自分だったらどちらを選びますか。 　（Google Jamboard →グループ→全体） 【大劇場】・夢は大切だから。 【男の子】・悲しませたくない。 ○男の子の前で手品をすること選んだ手品師は誠実ですか。（全体） ・誠実（真剣に悩んで決めたから）。等 ○自分ならどんな選択をしたら明るい心で生きていけるでしょう。（Google Jamboard →ノート→全体） 4　誠実に生きるとはどんなことでしょうか。（ノート）	・物語の設定と手品師の悩みについて整理する。 ・自分が選択した理由をグループで話し合う。 ・自己犠牲的な生き方が誠実という結論にならないように配慮する。 ・自分の価値観と照らし合わせて理由をつければ物語の選択肢にない答えを選んでもよいことにする。
終末	5　振り返りを書く。	・自分の考えの変化や友達の考え，今後に生かしたいことなどを書く。

（5）評価　手品師の悩みや決断を通して，誠実に明るい心で生きることについて考えていたか。

　　　　（発言，ノート）

❧ 授業の実際

❶教材のあらすじ

　腕はよいが売れない手品師が，母の帰りを寂しく待つ男の子に出会いました。手品師は男の子に手品を披露し，明日も来ると約束をしました。その夜，自身の夢であった大劇場で手品をしてほしいという誘いがありましたが，手品師は悩んだ末に断り，男の子の前で手品をすることを選びました。

❷導入

　まず，「誠実な人とはどんな人」かについて Google フォームでアンケートをとり，グラフを見てイメージを共有します。結果は半数が「人の気持ちを考えられる人」続いて「うそをつかない人」「約束を守る人」の順となりました。「人の気持ちを考えられる人が誠実な人」と考える子どもたちに「自分の気持ちはどう」と投げかけると「やっぱり自分の気持ちも大切」と意見が出ました。さらに，ほとんどの人がうそをついたことや約束を守れなかったことがあるという事前アンケートの結果から「ほとんどの人は誠実ではないのか」「先生は20歳と言い続けているけど，誠実ではないのか」等と問いかけました。「人を傷つけるうそはだめ」「心が苦しくなる」等の意見が出たので「明るい心で誠実に生きるとはどんなことだろうか」と学習のめあてへとつなげました。

❸展開

　「手品師」の範読を聞き，「手品師はどうして悩んでいたのでしょう」と問い，手品師の置かれている状況と葛藤する気持ちを整理しました。続けて「自分だったら大劇場と男の子のどちらの前で手品をすることを選びますか」と Google Jamboard のネームプレートを動かし，一度目の意思表示をさせました（右図）。ネームプレートの位置も迷いの状況を表しています。グループでなぜ自分がその選択をしたのかを話し合わせた後，クラス全体で共有しました。自分事として考える中で，手品師の葛藤をより多面的・多角的に理解することを目指しました。

　次に，「男の子の前で手品をすることを選んだ手品師は誠実でしょうか」と発問しました。みんな「誠実」と答えます。理由を聞くと「約束を守ったから」「うそをつかなかったから」「人の気持ちを考えたから」「自分の人生より男の子のことを大事にしたから」等の意見が出ました。「手品師は自分のことは大事にしなかったのでしょうか」と問い返すと「手品師は男の子が心配で楽しく手品ができないから男の子の所へ行ったと思う」「手品師が約束を守りたか

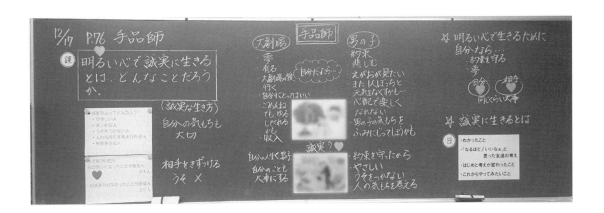

ったから」等の意見が出ました。悩んだ末に自分自身で納得できる答えを見つけた手品師は明るい心になれたという結論になりました。そこで，「明るい心で生きるためにみんなならどうしますか」と Google Jamboard で二度目の意思表示をさせた後，その理由をノートに書かせました。

ICT 活用のポイント

　一度目の Google Jamboard での意思表示は「大劇場」か「男の子」をどちらか選ばせました。二度目の Google Jamboard での意思表示は「明るい心で生きるために」について考えさせ，より自身の生き方に根付いた選択ができるようにしました。理由がしっかりと書けていれば，他の選択肢を考えてもよいことにしました。

　最後に「誠実に生きる」ということについてノートに考えをまとめました。「誠実に生きるとは，自分でしっかり悩んで決めることだと思います。なぜなら自分も相手も大事だし，自分の人生につながるから，自分でよいと思ったことをすれば誠実と言えると思います」という意見も出ました。

❹終末

　自分の考えの変化や友達の考え，今後に生かしたいこと等を振り返りとして書きました。「大劇場を選んだ人も男の子を選んだ人もちゃんと理由があって選んでいるからよい」「人にも自分にも誠実に生活したい」等と学びを振り返っていました。

❺授業を終えて

　二度にわたって「Google Jamboard」を使って意思表示をする中で，考えの変容や多様化を可視化できましたが，「スケール」を使うとさらに自身の考えを表現しやすくなると考えます。

（森真理子）

心情メーカーを活用した授業

―母の仕事（6年生）―
（出典：日本文教出版）

諸富祥彦の "ココ" がポイント！

　かつて流行った「脳内メーカー」にヒントを得て，「心情メーカー」をつくり，ハート型の図を使って，登場人物の思いや心情を「見える化」したユニークな実践です。友達の描いた「心情メーカー」を見ながら，その理由を聞くことで，登場人物の心情理解の幅が広がります。まず，ワークシートに書いたものをタブレットで撮影し，その写真を大型電子黒板に映すという方法で，一人ひとりの書いたワークシートそのままを，クラス全員で見ることができるように工夫されています。これは，ICTがなければできなかった取り組みですね！　そうすることで，教材では文字としては表現されていなかった母の気持ちに目を向けることができています。

❶考えるツール＆議論するツール＆ICTの活用ポイント

　かつて，「脳内メーカー」という人の思いや考えを脳内に文字で表すことで，その人の思考や特徴を表そうとするアプリが流行しました。本実践ではこれを「心情メーカー」として，登場人物の思いや心情を思い描く活動に活用しました。登場人物の「心」の枠を使って，登場人物が抱える思いや考えを端的な言葉で表現します。そして，その思いがどれだけ強いかを色の濃さやその分量で表現します。いろいろな思いがあって葛藤している場合は「心」の中に複数の言葉が表されます。話し合いの際には，ICTを活用してお互いの描いた「心情メーカー」を見せ合いながら「どうしてそのような心になったのか」を伝え合うことで，登場人物の心情理解の幅を広げ，道徳的価値に迫ることに役立てることができます。

❷白熱した話し合いをつくるその他の工夫

　小グループや学級全体でICTも活用しながら，お互いの「心情メーカー」を見せ合い，どうしてそのように描いたのかを伝え合います。それぞれの「心情メーカー」には子どもたちそれぞれの考えが強く表れます。全く同じ「心情メーカー」はありません。違いがあることから「どうしてそう考えた（描いた）のか」という興味・関心をもちながら聞き合います。お互いの考えを聞き合うことで登場人物の心情や行動を支える思い等について考えの幅を広げるとともに，ねらいとする道徳的価値に迫ることに役立てることができます。

本時の流れ

（1）主題名　働くことを支える思い

（2）教材名　母の仕事（出典：日本文教出版）

（3）ねらい　苦労を重ねつつも働く母や職場体験で出会った人達の心情を考えることから，社会に奉仕する喜びに気づき，社会のために役立とうとする心情を育む。

（4）展開の大要

	学習活動・主な発問と予想される子どもの反応	指導上の留意点
導入	1　教材に対する方向付けをする。 〇職場体験をしてどんな思いをもちましたか。 ・仕事体験は楽しかった。 ・働くのは大変だった。 ・働いている人たちがかっこよく見えた。	・職場体験のときの写真を示し，その時の思いを振り返りやすいようにする。
展開	2　教材を読み，登場人物の思いを考える。 〇「私」が「お仕事やめればいいのに」と言ったのは，どんなことを思ったからでしょうか。 ・お母さんがかわいそう。 ・体を壊さないか心配。 〇ひろ子のお母さんの仕事には，どんな大変なことがあるのでしょうか。 ・寝たきりの人たちを入浴させる。 ・脈拍や血圧の測定。 ・浴そうの準備。　等 〇そんなに大変な仕事にも関わらず，大きな喜びと満足があふれた表情を浮かべるお母さんの心には，どのような思いが詰まっているのでしょうか。 ・苦しい。　・楽しい。　・責任。　・やりがい。 ・家族。　・愛。 3　これまでの体験（職場体験）を見つめ直す。 〇職場体験で出会った人達はどんなことを大切にして働いていましたか。 ・町の人の笑顔がたくさん見たいと話していた。	・「私」の「母」への思いや登場人物である「母」がどんなことをしているのかを話し合うことで，母の苦労に目を向けさせる。 ・苦労しながらも働く母の思いを図示することで感じたイメージをそのまま表現させる。 ・職場体験でのことを振り返り，その際の学びをさらに深められるようにする。
終末	4　振り返りの観点をもとに，学習の振り返りをする。	

（5）評価　働く人の思いを考えることから，働くことのやりがいや価値について見つめ直し，自分も働きたいという思いを高めているか。（ワークシート・発言）

🎯 授業の実際

❶教材のあらすじ

　疲れている母の様子を見て，「私」はそんな仕事ならやめればいいのにと思っていました。しかし，ほほえみながら仕事のことを話す母の話を聞くうちに，母の仕事への思いにふれ，勤労や奉仕に対する気持ちが変容します。働くことの意義が理解できる教材です。

❷導入

　始めに大型 TV に職場体験の様子を撮影した写真を映し出し，その時のことを振り返ることを導入としました。子どもたちは「楽しかった」「大変だった」「働いている人がお客さんに優しく丁寧に接客するのがかっこよく見えた」等と，そのときに感じたことを話していました。教材への方向付けができたと感じられたところで，教材文を読んで聞かせました。

❸展開

　まず，教材を活用して「働く人の思い」を考えました。教材を読んだ後，「『私』が『お仕事やめればいいのに』と言ったのは，どんなことを思ったからだと思いますか」と聞くと，「お母さんがかわいそうだ」「体を壊さないか心配」と自分の家の人を思い浮かべながら考え，答えているように感じました。それから，ひろ子のお母さんの仕事について確認し，「そんなに大変な仕事にも関わらず，大きな喜びと満足があふれた表情を浮かべるお母さんの心には，どのような思いがつまっているのでしょうか」と発問して，ワークシートを配付しました。働く母の思いを「心情メーカー」に表すことについて理解できるようにするために，かつて流行していた「脳内メーカー」の図を見せました。「その人の思いを文字や色を使って表現する」ということが理解できたところで，ワークシートに表現させていきました。日頃，道徳で「登場人物の思い」を文章で書くことが多いですが，今回は図で表現します。子どもたちはそれぞれに感じたイメージをそのままに表現することができるためか，普段以上に没頭して活動に取り組みました。

> #### ┤ ツール活用のポイント ├
>
> 　行動を支える思いや考えを図で表していきます。具体的には，枠（ハート等）の中に文字や色を使って表していきます。いろいろな色を使いながら表現させることで，その後の児童間での話し合い（見せ合い）活動の中でお互いが感じたイメージを共有しやすくなります。そして，「そのように表現した理由」を聞き合うことで登場人物等への心情理解の幅を広げることができます。

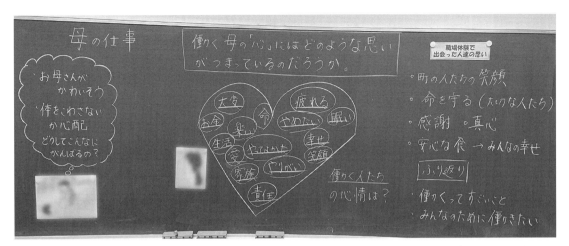

子どもたちは働く母の思いを考えながら，その心情を「心情メーカー」で表現していました。表現する過程で教材中にはない母の思いに気づく子どもも見られました。「心情メーカー」中に「お金」「苦しい」という，いわば，「本音」と「楽しい」「やりがい」といった母の思いやさらに「愛」「家」「家族」等，教材中には表現されて
いないような言葉も見られ，子どもたちは「働く」という行為を支える母の思いをより深いところまで考えていることがうかがえました。

そして，それぞれの「心情メーカー」を全体で共有するためにICTを活用しました。使ったアプリはxSync Classroom（バイシンククラスルーム）です。

┌─ ICT活用のポイント ─┐

　自分自身のタブレット端末を使って自分のワークシートを撮影させます。そして，その写真をアプリを活用して大型電子黒板に映します。

　大型電子黒板上に映し出された「心情メーカー」から全体で「登場人物の行動を支える思い」について話し合います。そうすると，そこに表れた言葉やその色の配分等の違いから，子どもたちは「働くことのやりがい」や「責任」等について考えることができます。

　展開後段では「職場体験で出会った人達はどんなことを大切にして働いていましたか」と職場体験で出会った働く人達のことを見つめ直しました。「町の人の笑顔がたくさん見たいと話していた」「安心して食べられるものをお客さんに届けたいと話していた」等とやりがいをもって働いている姿を振り返ることができました。学習後の振り返りには子どもたちが働くことのやりがいや価値を見つめ直す記述が多く見られました。

（串田篤則）

事例 20

KJ法・クラゲチャートを活用した授業
―ふるさとの音―残したい音風景―（6年生）―
（出典：光村図書）

土田雄一の "ココ" がポイント！

　6年生の道徳と他教科を結び付けた教科等横断的な実践です。まず，「残したい日本の音風景」を聴く際に，映像だけでなく「イヤホンスプリッター」で同じ音を聴いて共有したのがよいですね。集中して聴いた音から感じるものがあったことでしょう。付箋に書いたものを「KJ法」で分類したあと，協働で「クラゲチャート」を作成したのも多様な考えを共有する上で効果的でした。そして，卒業前に残しておきたい思い出の場所（学校）につながっていく終末がよいです。そして，総合的な学習の時間では iPad で思い出の場所の写真を撮って紹介したり，図工で絵に表したりする等の学習により，身近なところに大切な場所があることを実感できる実践です。

❶考えるツール＆議論するツール＆ICTの活用ポイント

　KJ法は付箋等の紙1枚に1つの事柄を書き，似ているもの同士をまとめて整理したり，考えを分類したりする方法です。ここでは，付箋に「残したい音風景」を視聴して感じたことを個人で書き出し，それを班で共有しながらグルーピングしていきました。これをもとに「これらの音は，なぜ残したい日本の音百景に選ばれたのだろうか」というテーマについて班で話し合いました。また，実際の「残したい日本の音風景100選」の音を班でイヤホンスプリッターを使い共有しながら視聴したり，iPad で残しておきたい風景や音を撮影し，紹介し合う時間をつくったりして他教科と関連付けて展開しました。

❷白熱した話し合いをつくるその他の工夫

　子どもたちは，美しい景色や残したい音とは自然豊かな田舎の景色であると想像します。そこで，まずは本教材を通して，私たちの住んでいる町や学校にもたくさんの残したい風景があることに気づかせたいと考えました。その後，総合的な学習の時間「思い出のアルバム」（15時間扱い）の中で思い出の場所探しを4時間行いました。タブレットを活用して写真を撮り，紹介し合います。また，図画工作「お気に入りの場所」（4時間）の単元につなげ，自分たちの過ごした思い出の場所を水彩画で写生しました。友達の発表や作品を見ながら共に過ごした様々な景色を共有し，自分たちだけの大切な場所という思いを高めていくことができました。

🔴 本時の流れ

（1）主題名　郷土を大切に
（2）教材名　ふるさとの音－残したい音風景－（出典：光村図書）
（3）ねらい　自分の住んでいる町や学校のよいところを思い出し，大切にしたいという心情を育てる。
（4）展開の大要

	学習活動・主な発問と予想される子どもの反応	指導上の留意点
導入	1　価値への方向付けをする。 ○「ふるさと」という言葉を知っていますか。 ・思い出の場所。　・実家。　・田舎。 ○みんなのふるさとは？ ・○○小学校。　・住んでいる町。　・おじいちゃん家。	・価値への導入をし，ふるさととは何かを考えていくことを伝える。
展開	2　教材「ふるさとの音－残したい音風景－」を読んで話し合う。 ○山仕事の男たちは，SL の汽笛の音を聞いてどんなことを思ったのでしょう。 ・もうすぐご飯だな。　・あとひと仕事がんばろう。 ○今も鳴り続く汽笛の音は町の人にとってどのような存在なのでしょう。 ・生活の一部。　・心が落ち着く。　・安心する音。 3　「残したい日本の音風景100選」を視聴する。 ◎なぜ，これらの音が「残したい日本の音百景」に選ばれたのでしょう。 ・心が穏やかになるから。 ・安心する音だから。 ・その場所の景色が想像できる。 ・ずっと変わらず残しておきたい場所だから。 4　自分の町や学校の残したい風景を考える。 ○私たちの周りにある，残しておきたい風景や音を考えてみましょう。また，その理由も書きましょう。	・読む前に大井川鉄道の SL の写真を紹介して，情景や音を想像させる。 ・実際に100選に選ばれた大井川鉄道の汽笛の音を聞く。 ・今も昔も変わらない人々の思いに気づかせる。 ・iPad にイヤホンスプリッターを接続し，班で同じ音を共有させる。 ・KJ 法で感じたことを整理し，選ばれた理由について考える。理由をクラゲチャートの足に書かせ，学級全体でクラゲチャートをつくる。 ・音だけに焦点を当てるのは難しいため，残したい景色やお気に入りの場所について考えさせる。その景色を選んだ理由や聞こえてきた音等を書かせ，紹介し合う。
終末	5　教師の残しておきたい風景を紹介する。 6　このあとの活動について伝える。	・校舎から見える景色や音等を紹介する。 ・実際に探しに行く活動につなげる。

（5）評価　自分の住んでいる町や学校のよいところを思い出し，大切にしたいという気持ちをもつことができたか。（発言・ワークシート）

💭 授業の実際【第1次】

❶教材のあらすじ

　1996年，環境庁（現在の環境省）は将来に残していきたいと願っている音の聞こえる環境－音風景を公募し，「生活文化の音」「生き物の音」「自然の音」等，多様な音を含む100の音風景を選定しました。静岡県の大井川鉄道のSLの蒸気音と汽笛の響きもその中の1つとして選ばれました。30年前，観光資源としてSLを復活させた大井川鉄道。SLの汽笛音は住民の暮らしと現在もつながっています。音から想像する風景や心の温かさが感じられる教材です。

❷導入

　授業の導入では価値への方向付けとして「ふるさとという言葉を知っていますか？」と問いかけました。ほとんどの子どもがふるさとという言葉は知っているものの，自分たちのふるさとはどこですかという問いには返答に困っていました。そこで，自分たちのふるさとについて考えていくことを伝え，今日の課題意識を高めていきました。

❸展開

　教材を読む前に大井川鉄道の写真を大型テレビに映してイメージをもたせ，教材へ入り込めるようにしました。写真と音は一緒に流さず，写真を見せた後，教材を読み，1つ目の発問の際に汽笛の音を視聴しました。このことで，視覚で想像し，音でさらにイメージを膨らませていくことができました。

　中心発問では大井川鉄道の汽笛の音以外にも「残したい日本の音風景」に選ばれた音を視聴し，なぜこれらの音が「残したい音風景」に選ばれたのかという理由について考えました。

> ＜ ICT 活用のポイント ＞
>
> 　全体で考える場面では大型テレビを活用しました。個人や班に配信することはできますが，作業を挟むことで子どもの集中力がiPadに向いてしまいます。使い分けが大事です。
>
> 　イヤホンスプリッター（右上写真）を使い，班で同じ音を聞き，体験の共有をさせました。1つのiPadで今回は4人がイヤホンをつなぎ視聴しました。他のグループの音と混ざることがないため，聞きやすく話し合いがしやすかったです。

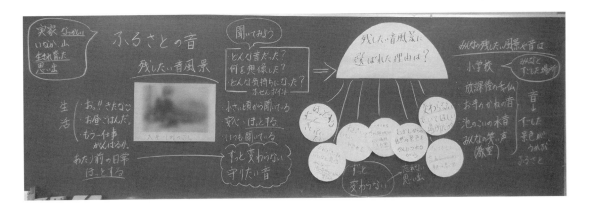

　KJ法を使い，音から感じたことや想像したこと等を個人で書き出しました。聞かせる音は事前に教師が選んでおきます。付箋をもとに共通点を見つけながらグルーピングし，「なぜ残したい日本の音風景100選に選ばれたのか」という大きなテーマについて話し合いました。グループで出てきた意見をクラゲチャートの足のカードに書かせ，クラス全体での話し合い活動につなげました。「美しい風景を忘れないでほしい」「落ち着く音」「みんながほっとする」等，様々な意見が出ました。そして，私たちの町にもこのような場所があるのかを考えました。

┌─ ツール活用のポイント ─────────────────┐

　付箋のキーワードをカテゴリに分けながら，話し合いの材料にしていきました。班で1つのクラゲチャートを作りました。頭の部分に「選ばれたのはなぜ」と書き，その理由を足に書くようにしました。足は黒板に掲示できるよう，外せるようにしました。

└──────────────────────────────┘

　音だけに限定するのは難しいと考え，場所でもよいことを伝えました。「校庭のケヤキの木の下にいると，風の音が聞こえて夏は気持ちよい」等，様々な意見が出ました。私たちにも忘れられない大切な場所がたくさんあることに気づくことができました。

❹終末

　終末ではみんなとの思い出がたくさん詰まっている場所を紹介しました。そして，「みんなのふるさとってどこなのかな？」と聞いてみました。子どもたちは笑顔で「○○小学校だね！」と話してくれました。そこで，卒業前にみんなの残しておきたい大切な思い出の風景や音を撮りに行こうと話しました。他教科と関連付けながら，さらに自分たちが過ごしてきた町や学校を大切に思う気持ちを育てていきたいと考え，次の活動につなげていくこととしました。

❺授業を終えて

　付箋を使い個人で考える時間を確保したことやKJ法により整理分類することで，班での話し合いが活発になりました。また，イヤホンスプリッターの活用で体験の共有ができました。

💭 総合的な学習（15時間扱い）

❶活動の内容

　卒業前に自分たちの成長を見つめる活動として「思い出のアルバム」という単元を15時間扱いで行いました。①○○小学校の残したい風景を紹介しよう（４時間）②６年間で成長したこと振り返ろう（４時間）③感謝の気持ちを伝えよう（７時間）の３つを柱に授業を組み立てました。今回，道徳の授業「ふるさとの音－残したい音風景－」を行い，私たちの育った町や学校にも残しておきたい風景があるという思いをもちました。そこで，総合的な学習の時間「思い出のアルバム」の①の活動につなげていきました。

１時間目	iPad のカメラ機能を使い，思い出の場所や景色を探し写真を撮ってくる。
２～３時間目	紹介したい場所を１つ選ぶ。 スライドに写真を貼り付け，選んだ理由やその場所での思い出をまとめる。
４時間目	発表会をする。クラスみんなで共有することで，自分たちの過ごした場所での思い出を見つめる。

【活動の流れ】

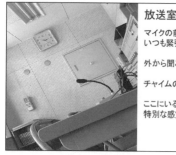

【子どもの作品】

❷子どもの様子

　道徳の授業後ということもあり，子どもたちは思いつく場所へ一直線に向かいました。校庭のシンボルの木を下から見上げると木漏れ日がよいという子どももいれば，４階から見るのがよいという子どももいて，同じ場所でも見ている景色が違ったり共感できたりと発表の時間はとても盛り上がりました。そして，残したい風景がたくさんあることに気づき，いつの間にか自分たちにとって大切な場所になっていることを実感できる時間となりました。この後，この場所で成長した自分たちを振り返る活動を行いました。

🍃 図画工作（４時間扱い）

❶活動の内容

　総合的な学習の時間で見つけてきた「残したい風景」を図工の「お気に入りの場所」という単元につなげ水彩画で描きました。iPadで撮った画像を机の上に置いて，描いていくことができるため，天気に左右されないことや線で写真を画用紙と同じマス目に仕切り，マス目通りに下書きができること等，iPadを活用した取り組みはとても有効でした。

【子どもの作品】

❷子どもの様子

　１つの場所に絞って描きたいという子どもと絞り込めないためいくつかの場所を組み合わせて描きたいという子どもに分かれました。どの場所を描くかを決める時間でも，撮影してきた写真を見せ合いながら，その場所で過ごした思い出話で盛り上がっていました。卒業前の活動ということもあり，懐かしい気持ちと少し寂しいという気持ちを話してくれましたが，どの子どもも笑顔で語り合っている姿が印象的でした。

❸実践を終えて

　まず，教科横断的な取り組みがよかったです。道徳の時間と他教科（総合的な学習の時間と図工）を関連付けて実践を行ったことで学習への意欲づけができ，自分事として取り組むことができました。実施した時期も卒業を控えた６年生の後半でぴったりでした。子どもたちは，はじめは「ふるさと」という言葉に自分たちの過ごした町や学校を思い描けていませんでしたが，活動を通して，身近に大切な場所がたくさんあることに気づくことができました。また，実際に自由にiPadを活用して写真を撮りに行くことで自分たちの町や学校のよさを実感することができました。体験活動を入れたことで，より深く価値について考え，自分事として捉えていくことができたと思います。今後は保護者や地域の人たちに子どもが「残したい風景」を知ってもらうことも郷土を愛する心を育てることにつながると思います。今後はiPadを活用した体験的な学習を他の学習でも取り入れたいと考えています。　　　　　（小笠原由香）

【執筆者紹介】（執筆順）

諸富　祥彦　明治大学教授

土田　雄一　千葉大学教授

佐藤　範子　千葉県茂原市立本納小学校

安井　政樹　札幌国際大学准教授

佐藤　俊輔　千葉県市原市立牛久小学校

坂本　千代　東京都八王子市立由井第三小学校

宇野あずさ　千葉県山武郡九十九里町立豊海小学校

宮澤　　長　千葉県千葉市立誉田小学校

串田　篤則　千葉県市原市立市西小学校

大川　珠代　千葉県香取市立小見川中央小学校

山崎　智子　千葉県旭市立干潟小学校

佐藤由美子　千葉県南房総市立富山小学校

森　真理子　埼玉県草加市立川柳小学校

小笠原由香　千葉県船橋市立豊富小学校

【編著者紹介】

諸富　祥彦（もろとみ　よしひこ）

筑波大学大学院博士課程修了。教育学博士。千葉大学教育学部助教授を経て，現在，明治大学文学部教授。

1990年代半ばから，アクティブ・ラーニング方式の多様な道徳授業を提案し続けてきた。

著書に『考え，議論する道徳科授業の新しいアプローチ10』『クラス会議で学級は変わる！』『すぐできる"とびっきり"の道徳授業』『ほんもののエンカウンターで道徳授業』（明治図書）『図とイラストですぐわかる　教師が使えるカウンセリングテクニック80』『「問題解決学習」と心理学的「体験学習」による新しい道徳授業』『教室に正義を！　いじめと闘う教師の13か条』『教師の悩みとメンタルヘルス』（図書文化）ほか多数。
https://morotomi.net/

土田　雄一（つちだ　ゆういち）

千葉大学大学院教育学研究科修士課程修了。教育学修士。

千葉県内の小学校教諭をスタートに，ヨハネスブルグ日本人学校教諭，市原市教育センター所長，公立小学校校長等を経て，現在，千葉大学教育学部附属教員養成開発センター教授。専門は道徳教育，国際理解教育，教育相談。

ＮＨＫ（Ｅテレ）「SEED―なやみのタネ―」「ココロ部！」「時々迷々」の番組委員。

著書・編著書に『国際性を育てる道徳の授業』（明治図書）『こころを育てる創作トランプ』『100円グッズで学級づくり』『ＮＨＫ道徳ドキュメント モデル授業』（図書文化）『学級メンテナンスガイド』『子どもが夢中になる授業づくり』（教育開発研究所）ほか多数。

道徳科授業サポートBOOKS

考えるツール＆議論するツール＆ICTでつくる
小学校道徳の新授業プラン

2022年10月初版第1刷刊　Ⓒ編著者　諸　　富　　祥　　彦
　　　　　　　　　　　　　　　　土　　田　　雄　　一
　　　　　　　　発行者　藤　　原　　光　　政
　　　　　　　　発行所　明治図書出版株式会社
　　　　　　　　　　　　http://www.meijitosho.co.jp
　　　　　　　　（企画）茅野　現（校正）江﨑夏生
　　　　　　　　〒114-0023　東京都北区滝野川7-46-1
　　　　　　　　振替00160-5-151318　電話03(5907)6702
　　　　　　　　　　　　ご注文窓口　電話03(5907)6668
＊検印省略　　　　　組版所　広　研　印　刷　株　式　会　社

Printed in Japan　　　　　　　ISBN978-4-18-301833-5
もれなくクーポンがもらえる！読者アンケートはこちらから　→

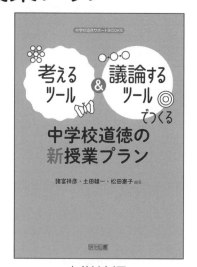